江戸人の老い

氏家幹人

草思社文庫

江戸人の老い ◉ 目次

第二話　それからの吉宗――大御所様残日録

第一幕　華麗なる名君

第二幕　史実とドラマの間

第三話 老人は郊外をめざす——『遊歴雑記』を読む

プロローグ

四、五十代でもう「老人」なのか

十年前、三十六歳の私は無惨にも〝老い〟を宣告された。突然の腰痛で病院に駆け込み（正確には、ようやくの思いでたどり着き）診てもらったところ、レントゲンの結果を見ながら医師が言うことには、「要するに骨の老化ですね」。老化はその後も確実に進んでいるらしい。二年前にも首筋が痛くなって近所の整形外科を訪ねると、やはり「首の骨が老化しているんですよ」という診断だった。

骨の老化など、まだしもなのかもしれない。脳の老化ははるか以前から進行しているはずだし、最近では視力の衰えも看過できない状況になってきた。〝四十暗がり〟という諺《ことわざ》があるそうだが、はたして齢《よわい》四十半ばに達すると、近視の私にも容赦なく老眼の症状が襲いかかってきたのである。加えて白髪、皮膚の皺、高脂血症、物忘れ、識別能力の低下、余暇の所在無さ、等々。

では性欲のほうはどうかというと……。これは時と場合によって激しく変動するので一概にいえないが、「目は眼鏡歯は入歯でも事足れど」という江戸の川柳の心がなんとなく分かるようになったことは事実だ。平戸藩の老公松浦《まつら》静山《せいざん》は、文政九年（一八二六）、この川柳について「是《これ》、老境に入る者に非《あら》ざれば知ること難《かた》し」と評している（『甲子夜話《かっしやわ》』）。してみると、私はこの面でも老境の入口に達しているというべきか。老いの兆候や証拠を一つ一つ数えていくと、われながらこの年までよく生きてきたと、しみじみ思ってしまう。

それにしても、人は一体何歳で老人とか高齢者と呼ばれるのだろう。なかには七十歳から！　と言う人もいるかもしれぬが、現在は六十五歳以上が高齢者と認定され、七十五歳以上を後期高齢者、七十四歳以下を前期高齢者と呼んでいるそうである。

もっとも歴史を振り返れば、現代の状況はいささか異常である。試みに今から五十年ほど前の昭和二十二年（一九四七）の新聞をめくってみよう。七月十二日の『朝日新聞』は、品川区五反田の目黒川でもんぺ姿の「老婆」の変死体が発見されたと報じている。老婆というからには当然六十代以上と想像してしまうが、事実はさらにあらず。記事には「老婆」は「五十歳位」と記されていた。女五十にして老婆、というのが当時の常識だったらしい。

同じ年の六月二十二日の『朝日新聞』の投書欄（「声」）には、さらに現代女性の逆《げき》鱗《りん》に触れそうな文章が掲載されている。題して「老嬢の日記」。最近の若者たちは、西洋の翻訳小説を読みふけってでもいないかぎり、ロウジョウと聞いても「籠城」くらいしか頭に浮かばないかもしれないが、これは「老嬢」で、老いたお嬢さん（未婚女性）のことをいう。ともあれ投書した千葉県の女性の繰り言に耳を傾けてみよう。

六十の坂を越したのに営々と働くお父さん。三十歳の娘が家の中にくすぶつて目をキョロキョロさせているのだから本当に気持は暗くなつてしまう。（中略）無慈悲に流れさる年月。残された私の人生にあとどれだけの若さのもえさしがあることだろう。

戦争の影響もあって思うような結婚ができない彼女は、自嘲をこめて自らを「老嬢」と呼んでいる。自嘲といっても、それは常識はずれな用語ではなかったようだ。五十年前のわが国では、三十歳の未婚女性は老嬢と見なされていたのである。

酷《むご》い。でも酷いのは女性に対してばかりではなかった。数年前、私は昭和三十三年（一九五八）刊行の『谷崎潤一郎全集』（中央公論社刊）の月報に、「四十歳の老編集者」と書いてあるのを見て愕然《がくぜん》とした記憶がある。今からわずか四十数年前には、四十男もまた「老」以外の何者でもなかったらしい。

「七十過ぎたら遊べ」が聖人の教え

では、江戸時代はどうだったか。当時は四十が初老と見なされたこと。幕臣や藩士の場合、七十歳を過ぎれば病気その他の理由がなくても隠居を許され、また七十歳以上の幕臣が退職を願い出た場合、現職を十年以上務めているという条件付きで「老衰御褒美」が下賜されたこと等々は、すでに紹介したことがある（氏家『殿様と鼠小僧』）。

隠居願い提出の細かい規則を定めていた藩もあった。弘前藩の例を見てみよう。五十歳未満なら「病気断《ことわり》」（病欠届け）を出してから十カ月以上経っていないと隠居願いを提出できないが、五十歳以上六十歳未満なら五カ月以上で提出可。六十歳以上七十歳未満なら病状次第で月数にかかわらず隠居を願い出ることができ、七十歳を過ぎれば病気でなくとも隠居が許されるという具合だ（『御用格（寛政本）』）。

七十歳が隠居の基準年齢とされたのは中国思想の影響で、『礼記《らいき》』に、五十を「艾《がい》」、六十を「耆《き》」、そして七十を「老」と言うとあるのに由来しているらしい。「艾」や「耆」の五十歳、六十歳代は、社会の中心で働くが、七十の老人になれば隠居して第一線を退くというのである（ちなみに八十、九十代は「耄《ぼう》」とされる）。

制度としての老人は七十歳だとしても、それは、老いの自覚や身体的顕在化とは一致しない。『礼記』でも、「艾」は髪がよもぎ色（蒼白色）に変わることを意味し、「耆」も年寄りの意味にほかならなかった。五十代も六十代もすでに老化は顕著であり、七十歳を隠居の基準年齢とする制度とは、要するに、たとえ幸いにして長寿を得たとしても、七十歳になれば隠居すべきだという意味なのであろう。

そういえば幕末の旗本川路《かわじ》聖謨《としあきら》（一八〇一―一八六八）も、奈良奉行時代に「七十以上の男子、まして仕を辞したる人は只《ただ》きまかせにするが聖人のみち也」とか「七十にても世の外に遊ぶことならぬもの、人にも所にもよるなれ共、半ば聖門の罪人なるべし」と日記に書いている（『寧府《ねいふ》紀事《きじ》』）。七十歳を過ぎて職を退いた人は、余生を気儘《きまま》に暮らすのが聖人の教えにかなった生き方。それができない人は、聖人の教えに背いた罪人に等しいというのである。

江戸時代の人々が老いを自覚した年齢が、七十歳よりはるかに低かったことはいうまでもない。彼らが何歳で老いを実感したか、森鷗外の『北条霞《ほうじょうか》亭《てい》』に紹介されている文人たちの例を拾ってみよう。弘前藩の御用商人で考証学に通じた狩谷《かりや》棭斎《えきさい》（一七七五―一八三五）は四十歳で自らを「翁」と称し、漢詩人で儒者の頼山陽《らいさんよう》（一七八〇―一八三二）も、やはり四十のとき「四十、我が老いに驚く」と嘆息したという。

そして主人公の漢詩人北条霞亭（一七八〇―一八二三）に至っては、三十七歳のとき弟に宛てた手紙で自分のことを「老輩」と書いているのである（もっともこの「老輩」は単に年長者を意味する漢語かもしれない）。

ついでにもう一例。頼山陽の父親の頼春水（一七四六―一八一六）は、享和二年（一八〇二）、加古川宿（兵庫県加古川市）の某家で「湖隠老人」と署名した中江藤樹の書を見たと記している（『霞関掌録』）。藤樹はたしか四十一歳で没したはず。なのに「老人」とはいかがなものでしょうと某家の主人は訝《いぶか》しがったということだが、当の藤樹にしてみれば、齢四十前後に達すればまぎれもなく老人であると自覚していたのだろう。

四十歳は、死を思うのに十分な年齢

「いいえ、山陽先生だけじゃない。私だって四十歳になったとき『この私が四十歳だなんて、信じられない』と感じたわ」という読者もいらっしゃるかもしれない。江戸時代も現代も四十歳の重さに変わりはないというわけだ。たしかに。四十歳という到達点は、昔から重く感じられてきたし、今も感じられている。

川路聖謨は、弘化四年（一八四七）二月の日記に、以前、親しい刀匠から男の四十歳前後は要注意と諭されたことを記している。なぜ危険な年齢なのか。一つは、身体は老いているのに気持ちは二十代で色欲（性欲）に歯止めがきかず、おのずと健康が損なわれやすいから。もう一つの理由は、四十前後になると子供の頃からの夢が実現するので調子づき、ややもすれば行き過ぎて失敗する可能性が高いからだという。すなわち「実のなる木のみのり（実り）過て、枝の折るゝ気味あり」というのである。だから「用心したまへ」と忠告してくれた刀匠の言葉を、川路は「金言なり」と日記に書きとめたのだった。

現代にも通用する金言。しかし江戸と現代で決定的に異なるのは、江戸時代の場合、四十歳あるいは四十代という年齢が、現代とは比較にならないくらい死を身近に感じさせた点だろう。

十七世紀初期（江戸初期）の日本人の平均寿命は三十歳そこそこで、十九世紀後半（江戸末期）になっても三十代後半だったという（鬼頭宏『日本二千年の人口史』一九八三年ＰＨＰ研究所刊）。してみれば四十歳が死を思うに十分な年齢だったことは疑うべくもない。

平均寿命の数字以上に説得力に富む史料もある。「三河国（愛知県）八名《やな》郡乗本《のりもと》村菅沼家文書」の「遺言」もその一つだ。書かれた年は不明だが、江戸時代のものと推定されるこの遺書には、次のような文章と辞世の句が記されている。

予は文月《ふみづき》十三夜の生れにして、四十四年を送り、家を譲るの人もあれば、しゐておしむべき事にあらず。

なげくまじ秋来て秋のわかれ哉《かな》

どのような経緯でこの遺言が書かれたのか私は知らない。誰が書いたのかも。それでも四十四年の命を「もう十分生きた。跡を任せる人もいるから、死んでも惜しくない」と言い切った筆者の潔さに、ある種の感動を覚えずにはいられない。死と直面した潔さ。と同時に江戸時代における四十代という年齢の重さを思い知らされるのである。

四十代でこうなのだから、六十代はいわずもがな。尾張の人、細野要斎《ようさい》が幕末に著した『諸家雑談《しょかざつだん》』に、大野屋藤八という商人の話が載っている。藤八は生来虚弱だったが、貝原益軒の『養生訓』の教えを守って暮らした結果、六十代になっても壮健で、「この年迄《まで》健なるは、全く養生訓の御蔭なり」と人に語っていたとか。当時は、六十歳を過ぎれば、健康なのが不思議なくらいだったのだ。

雪国の生活や伝承を活き活きと描いた名著『北越雪譜《ほくえつせっぷ》』の著者、鈴木牧之《ぼくし》（一七七

○―一八四二）も、彼が暮らす越後塩沢《しおざわ》の辺では七十歳以上の高齢者は千人に一人もいないと述べている。七十歳はまさに〝古来稀なる〟長寿と感じられたにちがいない。千人に一人とまではいかなくても、高齢者が総人口に占める割合はたしかに低かった。従来の研究成果でも「近世社会の老人人口は現在に比べればはるかにすくなかったとし、六十五歳以上の高齢者の割合は五パーセント前後で推移していたことを指摘したものが多い」（菊池慶子『日本近世における老人扶養・介護に関する実態的研究』）という。

江戸時代も八十、九十まで生きた老人は大勢いた

ならば、高齢者の占める割合が江戸時代を通して全国まんべんなく低かったかというと、一概にそうともいえないようだ。高齢者の人口割合は、同じ江戸時代でも地域や時期によってすくなからぬ変動があり、したがって「近世二百五十年を通じて平均して五パーセント前後であったと強調してみても意味のないことである」という菊池の見解（前掲報告書）に私も同感である。

すでに言われているように、当時の平均寿命を下げている最大の原因は乳幼児死亡率の高さであり、疫病や災害に対する社会の抵抗力が弱かった江戸時代は〝あと何年

生きる〟計算こそ立たなかったものの、高齢者もそれほど稀ではなかったように思われる。

四谷塩町一丁目（現在の新宿区本塩町）の「人別書上」によれば、文久元年（一八六一）四月の総人数は八百一人で、うち七十歳以上は十三人。翌二年は総人数六百五十三人に対して十六人が七十歳以上である。いずれにしろ古稀に達した住民の数は千人に一人どころではない。日雇稼ぎの岩五郎七十七歳、塗師の庄吉七十歳、同人の母なを八十二歳、等々。

文化二年（一八〇五）、鳥取藩は八十歳以上の領民に祝い金を下賜しているが、その人数は男女合わせて四千百六十二人だった（『鳥府厳秘録』）。同藩の領民人口は寛延年間（一七四八―五一）に二十六万五千七百二十人だから、八十歳以上の領民は全体の一・五パーセント強を占めていたことになる。ちなみに平成二年（一九九〇）の統計で、七十五歳以上の後期高齢者がわが国の総人口に占める割合は四・八パーセント（総務庁長官官房老人対策室編『長寿社会対策の動向及び今後の課題と展望』）であり、この数字を見ると、江戸時代はわれわれの想像を裏切って、意外に高齢者に富んでいたともいえるだろう。

七十歳まで生きる人が稀な地域もあれば、八十歳以上の高齢者もさほど珍しくない

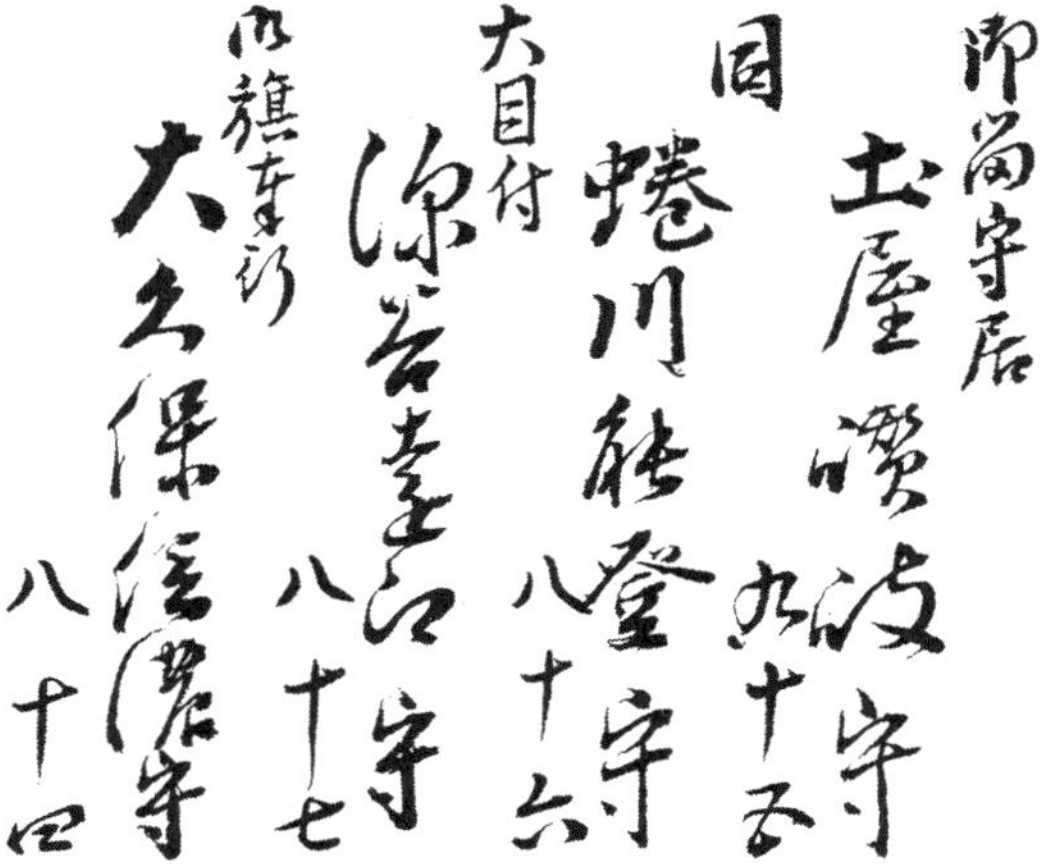
御留守居
土屋讃岐守　九十五
同
蜷川能登守　八十六
大目付
深谷遠江守　八十七
御旗奉行
大久保信濃守　八十四

土屋讃岐守をはじめ、二十五人の八十代、九十代の人名が並ぶ
（「御旗本長寿調」より）

地域もあったのである。天保十四年（一八四三）、江戸では九十歳以上の老人三十四名に「御褒美」として米七俵が下賜されている。最高齢者は麻布本村町《ほんむらちょう》の治兵衛で、百二歳だった。嘉永七年（一八五四）の「御旗本長寿調」という史料（なんらかの役職に就いている現職旗本の高齢者リスト）には、九十五歳で御留守居《おるすい》を務める土屋讃岐守《さぬきのかみ》以下二十五人の名が挙げられている。うち最高齢は林奉行の井上元七郎で、その年齢はなんと九十九歳だったという。

より具体的な例を見てみよう。表Iと表IIは旗本小野直賢《なおかた》の日記『官《かん》府御沙汰略記《ぶごさたりゃっき》』をもとに作成した、

表I 舘野家

栄光院
一七六七年七月二十七日　剃髪
一七六八年九月十一日　八十賀

勝弥《かつみつ》（久右衛門・久円）
一七四四年四月四日　隠居
一七四八年十二月七日　剃髪
一七五三年九月八日　没（七十四歳）

キヌ
一七四七年十二月五日　結婚

勝就《かつなり》（忠四郎）
実父は小野直賢
一七二〇年　生まれ
一七四六年四月二十九日　田安近習番
一七六一年八月三日　本丸新番
一七六七年閏九月十日　元方御納戸

クメ（桑原平兵衛女）一七六四年十一月三日　結婚

勝美《かつよし》（忠蔵）
一七四八年閏十月十九日　生まれ
一七六七年閏九月十日　元方御納戸
一七七三年十月二十三日　没（二十六歳）

トセ　一七六七年十月十七日　生まれ

マシ
一七五〇年十一月十四日　生まれ
一七六二年九月二十四日　小野日向守方へ引き取られ
追って勝之助の妻となる

保定《やすさだ》（熊蔵）
一七五四年七月一日　生まれ
一七七〇年二月二十八日　養家（羽田藤右衛門方）へ引越
同日婚礼（養子入りの正式許可は三月十九日）

トメ
一七五七年八月二十八日　生まれ
一七六四年六月二十七日　没（八歳）

×（流産）一七五九年九月十一日

クワ
一七六〇年十二月一日　生まれ
一七六四年七月四日　没（五歳）

×（流産）一七六四年一月一日

ナタ
一七六六年十一月四日　生まれ
一七七一年三月十日　没（六歳）

勝詮《かつのり》（千蔵）実父は小野庄兵衛

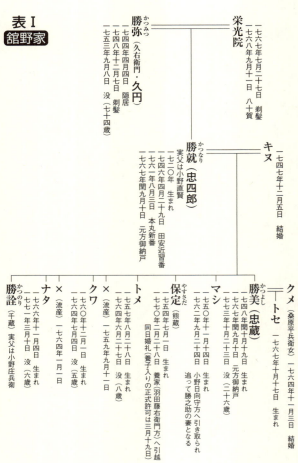

表Ⅱ 平塚家

教知院
一七六二年二月三日　七十賀
一七六九年一月十五日　没（七十七歳）

教巴《のりとも》（甚十郎）
故人

ヤウ
一七四六年七月十一日　結婚
一七六八年十二月二十三日　没（三十七歳）

教行《のりゆき》（孫次郎）
一七三八年九月十九日　小十人
一七六七年閏九月十一日　没（四十七歳）

半之助
一七四七年十月二十三日　生まれ
一七五八年九月七日　没（十二歳）

ナベ
一七五〇年九月六日　生まれ
一七五二年十二月二十九日　没（三歳）

ヒデ
一七五四年八月六日　生まれ
一七六七年三月九日　結婚（沢半十郎）
一七六八年十一月十三日　歯黒め

教親《のりちか》（甚三郎）
一七五六年閏十一月十二日　生まれ
一七六六年十二月十六日　元服
一七六七年十二月八日　遺跡を継ぐ

ミヤ
一七六一年一月二十九日　生まれ
一七六二年九月四日　没（二歳）

×（流産）一七六四年五月二十六日

×（流産）一七六五年三月二日

リヨ　一七六六年五月一日　生まれ

旗本舘《たちの》野家と平塚家の家族構成である。安永二年（一七七三）までの記録であるため、それ以降についてはあきらかでないが、とりあえずこの二つの表によって、十八世紀後半の旗本の家における家族の年齢傾向をかいま見ることができる（表は氏家『小石川御家人物語』より作成）。

まず舘野家の例から。当主の勝就《かつなり》（忠四郎）と妻キヌの間に生まれた子供たちを見ていただきたい。跡継ぎの勝美《かつよし》（忠蔵）はいちおう二十六歳まで存命したが、次女のトメから下は悲惨で、トメは八歳で亡くなり、次は流産。三女クワは五歳で亡くなっている。五歳といっても数え年で、満年齢でいえば三歳にすぎない。次が流産で、四女のナタも六歳（満四歳）で没するという具合だ。

一方、子供たちの祖父母たちは長寿である。祖母の栄光院は五年前に八十歳のお祝いを済ませているから、八十五歳で存命。祖父勝弥《かつみつ》（久円）は二十年前に没しているとはいえ、享年七十四だった。どちらも隠居後に剃髪《ていはつ》し、老後を十分享受したはずである。

次に平塚家の場合。ここでも同様の傾向が顕著である。当主夫婦はそれぞれ四十七歳と三十七歳で没しているが、これは当時としてはさほど短命とはいえない（とりわけ女性の場合は出産後の体調不良で亡くなるケースが多かったから）。哀れなのは子供たちで、長男半之助は十二歳で亡くなり、長女のナベも三歳で没している。次女と次男はなんとか死なずに成人したが、三女は二歳で死に、次もその次も流産。

子供たちの死亡率がきわめて高い一方で、家族の中にちゃんと高齢者もいる——。わずか二つの家の例ではあるが、そんな家族の様子が浮かび上がってくるだろう。

老いをユーモラスに理解する知的高齢者たち

高齢者の数が多いとなれば、おのずとそこに老人同士の共感も生まれ、社会に対する意識も熟していったにちがいない。

尾張藩士で俳文集『鶉衣《うずらごろも》』の著者として知られる横井也有《よこいやゆう》（一七〇二—八三）は、「手はふるふ足はよろつく歯はぬける耳は聞へず目はうとふなる」「くどふなる気短になる愚痴になる思ひつくこと皆古ふなる」（『行々子』）と老人を嘲《あざわら》う歌を詠んだ。これらの歌が松山静山《まつらせいざん》や根岸鎮衛《ねぎしやすもり》、禅僧仙厓《せんがい》など知的老人たちの手で書きとめられ座右に置かれたのも、老人意識の成熟を物語っているといえないだろうか。狂歌を詠んだとき也有は七十代で、ほかにも「聞たがる死ともながるさびしがる出交りたがる世話やきたがる」とか「よど（＝よだれ）たらす目汁をたらす鼻たらす取はづしては小便ももる」といった残酷なまでの老いの教訓歌を詠んでいる。

老人の生理や習性をあからさまに詠んだ也有の狂歌はたしかに残酷だが、江戸後期の知的高齢者たちは、老人を笑い物にしたとんでもない狂歌だと非難するのではなく、そこにピリ辛のユーモアと自戒の意味を見いだし、〝面白い〟と感じたのである。也有を含めて彼らは「長生きはいいことだ。老人を大切に」というタテマエ（倫理）はタテマエとして承知しながら、老いの現実がそんなきれいごとでないことを熟知していたからであろう。

明和四年（一七六七）、会津藩では精神が錯乱したといって老父を座敷牢に監禁し、火事で焼死させた藩士に阿呆払《あほうばら》い（両刀を取り上げたうえ追放する）の処分を下している（『家世実紀』）。親不幸は重大な罪であり老親虐待は重く罰せられなければならないという法の精神に則った処分だったと思われる。しかしいくら幕府や藩が親孝行を奨励し不孝を罰したからといって、同様の悲劇は各地で繰り返されていたにちがいない。

『南総里見八犬伝』の著者曲亭馬琴《きょくていばきん》（一七六七―一八四八）は、晩年に著した『吾《あが》仏乃記《ほとけのき》』の中で、「偕老同穴《かいろうどうけつ》の利害（善し悪し）」を述べている。夫婦共に老い共に墓穴に入ることを偕老同穴と人は讃えるが、それは夫婦が経済的に豊かであるか、貧しくても老後の面倒を見てくれる子供や孫がいる場合に限られる。自分のように年上の妻に逝かれ、息子にも先立たれてみると、偕老同穴が必ずしも幸せな境遇でないことをしみじみ感じないではいられないというのだ。

なぜ悪いか。妻が夫よりずっと若ければ、偕老同穴の夢は叶わぬが、老いた夫の面倒を見ることができる。しかし年齢が近かったり年上だったりで一緒に老いてしまったら……。夫の面倒どころか自分を介護してくれる人が必要になるだろう。さて、となると息子の嫁が介護を担当することになるが、妻の代わりに嫁が老いの介護をするのは、本来道理に適っていない、と彼は断言する（馬琴は老いて妻の面倒になるのは「順」だが、嫁の面倒になるのは「逆」であると述べている）。どうして自分はもっと早くこの点に気づかなかったのだろう。年上の妻と結婚したことを後悔しつつ、彼はこうため息をもらすのだった。

「老て死なざるも亦一《またひとつ》の憂《うれ》ひ也」――。

超人的な長寿を享受した老人たちもいたが……

もちろん幸福としかいいようのない老後を過ごした人もいた。寛永八年（一六三一）に百六十四歳で亡くなるまで、無病息災、「眼明かにして歯損せず。起居健かにして心気強く」細字を読むにも眼鏡を用いなかったという土佐の日讃上人の話（『土佐崎《き》人伝《じん》』）はいささか眉唾としても、細野要斎の『諸家雑談』で紹介されている旗本某氏の家来の話は、どうやら嘘ではないらしい。

この男、八十代のとき人から「寿」の字の揮毫《きごう》を求められ、書けなかったのを恥じて書を学び始め、のちには漢詩の一句くらいは書けるようになったという。この男と同人物であろうか。要斎は、江戸で、ある旗本の家来で百十一歳になる老人が、乞われるままに揮毫している場面を目撃したとも書いている。百十一歳なのに九十歳くらいにしか見えない老人（若々しい？）は、七十歳ばかりで二十歳の女性を妾に置いたが、やがて彼女はすっかり老いてしまったとか。無理もない。なにしろ老人は百十七歳まで生きたというのだから。

超人的な長寿と健康を享受した老人たち。江戸の随筆、雑記の類をあされぱこの種の老人たちを捜し当てるのは、さほどむずかしくないだろう。でもそれはあくまで例外中の例外であって、高齢者をめぐる現実は、馬琴が慨嘆したようなもの、あるいはそれよりさらに悲惨なものだったにちがいない（なんといっても馬琴は当代随一の流行作家だったのだ）。

老人を敬い父母に孝を尽くすのが当時の絶対の倫理だったとしても、日ごと老い衰える肉体に包まれ、異世代との交流が淡くなっていく日々の生活の中で、自己を客観的に見ることができる知的老人たちは、也有の狂歌になるほどと深くうなずいたうえ、自らの教訓として書きとめておいたのである。成熟した老いの意識がそこにうかがえるのである。

以上、私は、江戸時代の高齢者の存在と老いの意識について、とりとめもなく述べてきた。この調子で続ければ逸話や統計資料はいくらでも追加し補足できるだろう（江戸時代は、断片的な物まで拾えば、想像を絶するほど史料に満ちているから）。それでも十分興味深い読み物ができ上がると思うが、同じ調子の繰り返しは読者を飽きさせるばかりか、著者は腰や首の骨ばかりか頭の中さえ老化してしまったのではないかという疑いを抱かせる恐れがある。なにより、話がくどくなっていけない。

断片的な史料を掻き集めて江戸の老いのイメージをつまみ食いする作業はこの辺でやめよう。これから先は、質量ともに十分な史料に焦点をしぼり、特定の個人の老いの姿に光を当ててみたいと思う。とりあげた史料は三点。互いに関係のない三人の老後を詳細にたどったところで、江戸時代の老いの研究に果たしてどれほどの貢献ができるか、疑問がないわけではない。しかし、とりあえず始めてみよう。介護の現場であれ史料の収集と歴史叙述であれ、老いと深く関わるには、身体の老化は仕方ないとして精神の若さが不可欠だ。そして、結果を恐れず始めてみる冒険心こそ、若さのな

により の証《あかし》であると思うからである。

第一話 ある老人の遺書

――孤独と豊かさ

第一幕　家族への不満

七万字にも及ぶ遺書を書いた孤独な七十男

老人は遺書を書いた。雪国の家の二階にこもって、長い長い遺書を書いた。老人は七十歳。めでたいはずの古稀の年に……。

三年前、天保七年（一八三六）七月半ばに中風《ちゆうぶう》（脳卒中）の病を発して全身が腫れあがった老人は、長岡の名医の治療で九死に一生を得てからも、後遺症で手は震え歩行も不自由だった。くわえてこの頃は右目の視力もすっかり衰えていたという。だから、遺書を書くといっても、並たいていの苦労ではない。二行書いては筆を休め、三行進んではまた休み、健康な時の五倍も時間をかけて下書きなしに仕上げた文章には、所々に意味不明の箇所があり、それにもまして同じことの繰り返しが目につく。お世辞にも名文とはいえず、到底読みやすいものでもない。

しかし老人は必死だった。その並々ならぬ心構えは「中風の震手《ふるえて》ながら予［＝私］

が五臓六腑［＝本心］を認《したた》めたり」とか「中風の漫筆必ず反古《ほご》致すべからず、一朝一夕の随筆にあらず」といった表現からうかがえるだろう。老人はまた、もしこの遺書が反古にされたら（生かされずに捨てられてしまったら）、「永久草葉の陰にて御怨み申すべく候」と脅迫めいた言葉さえ吐いている。遺書（老人は随筆とも呼んでいる）は、娘婿で跡継ぎの勘右衛門《かんえもん》と親族の三家に宛てられていた。

字数約七万字。四百字詰め原稿用紙にして百七十五枚以上はあろうというこの膨大な遺書に、では、一体なにが書かれているのだろうか？　一口で言えば、それは当時四十二歳だった婿養子の勘右衛門ほかに対する不満であり、そんな家族と最晩年を過ごさなければならないわが身の悲哀をこぼす言葉にほかならなかった。哀れな老人の悲憤かそれとも〝老いぼれ〟の愚痴か。ともあれ、まずはその言い分の骨子を、拙い口語訳で要約してみよう。

私が中風で二階にこもるようになってからというもの、勘右衛門はほとんど顔を見せに上がってこない。それどころか、生来世話好きの私がいろいろ忠告しても、「おまへが出て世話を焼くと渡世の妨《さまたげ》に成る」（お父さんが口出しすると家業の邪魔になる）と言って嫌がり、十に七、八回はこちらを振り向いてもくれない。私は病気で言葉も不自由なのだから、聞き取りにくければ聞き返してくれれば有り難いのだが、話なんか聞きたくもないという様子だ。いくら血のつながりのない義理の仲とはいえ、二階で一人寂しく過ごしている私なのだから、たまには見舞いに上がってきて世間話でも聞かせてほしい。

毎日でなくてもいい。せめて五日か七日に一度は話に来てほしいものだ。そんな私の気持ちなどお構いなく、何カ月も見舞いに来ず、来るのは自分の用事があるときばかり。お桑《くわ》（老人の娘。勘右衛門はその婿）に、「適々《たまたま》は来て呉《く》れば能《よい》」（たまに来てくれるだけでいい）とこぼしたところ、私がさんざんに叱責し続けたから来ないのだという答えが返ってきた。叱責？　とんでもない。誓って言おう。私は勘右衛門を叱ったりいじめたりしたことは一度だってないぞ。

勘右衛門は、自分と私は「黒白の心行違ひ」（万事正反対の気質で）、私など「早く死んで呉れば能《よ》い」と思っているようだ。いや、それすら待てず私を「押込《おしこめ》隠居」（強制的に隔離してしまうこと）にするつもりかもしれない。南の端に隠居屋を建て、私を母屋からつかみ出そうとしていると漏れ聞いている。若い頃から懸命に働き、村で一、二を争う身上に仕上げ、さてこれから悠々自適の老いらくをと夢見ていたのに、よりによって齢七十の死に際になって住み慣れた自宅から追い出されようとは……。なんという不幸。なんたる前世の悪縁か。

昔は孝行息子だった、老人・鈴木儀三治

老人の名は、鈴木儀三治《ぎそうじ》（義三治とも）。明和七年（一七七〇）一月二十七日、越後国魚沼郡塩沢村、現在の新潟県南魚沼市で質屋を営む鈴木恒右衛門《つねえもん》（常右衛門とも）の長男として生まれた。幼名は弥太郎。儀三治は十六歳で元服してからの名である。

鈴木家の先祖は上杉謙信に仕えた武士で、四代目助右衛門のとき士分を脱して塩沢の地に土着したという。父の恒右衛門は八代目の息子で、若い頃最上産の苧麻《まお》（越後縮《ちぢみ》の原料）の買い付けや越後縮の仲買で財を殖やし、兄（本家）の負債を肩代わりして助けるなど申し分のない働きぶりを示した。鈴木家（本家）の九代目を襲名した恒右衛門は、その後三十歳で家業を質一職にしぼり、五十代前半には早くも家業一切を息子の儀三治に任せ、自らは大好きな俳諧と読書三昧の日々を過ごした。周月庵牧水《ぼくすい》と号した彼は、越後ではちょっと知られた俳諧の宗匠でもあった。文化四年（一八〇七）、七十一歳で大往生。やはり中風を病んでいたという。ともあれ、よく尽くしてくれる妻と孝行息子に恵まれて趣味に没頭した晩年は、絵に描いたような幸福な老後と言っていいだろう。

一方、二十歳の頃から家業をゆだねられた息子の儀三治はといえば……。それこそ息つぐ暇もないほどよく働いたという。あんまり忙しいので、本ばかり読んでいる父に「庭の草少し手伝い下され」と庭の草取りを頼んだところ、父は一言「己《うぬ》取れ」（おまえがやれ）と答えただけで振り向きもしなかったとか。万事がこの調子。よんどころのない用事で数日家を空けなければならないときは、父も手伝ってくれたが、それだって店の帳面を付けてくれるわけではなかった。父が座っている場所には、いつも煙草の吸殻が「星の如く」散らばっていた。父は身の回りの掃除さえ自分でしようとはしなかった。

臨終の前の年のことだった。質蔵の建て方をめぐって父と子の意見が対立したことがあった。対立といっても面と向かって言い争える儀三治ではない。繰り言のようにこぼしていた儀三治の眉間を、立腹した父の恒右衛門が火箸で叩いた。額から流れ出る血。すると、儀三治の傷口を拭きながら、母は父に向かって「おらが義三治が様なものは又は二人共有まじ。夫《それ》に疵付ては……」（儀三治のようにいい息子がどこにあるっていうのです！　それを傷つけるなんて）と恨み言を述べ、さすがの父もシュンとして涙を流したという。

家業から退き趣味に明け暮れるご隠居と希代の孝行息子——。もっとも二人の関係は、ときに少々の摩擦と緊張がかもされたのを除けば、総じてうまくいっていたようである。臨終の床では、父と子の間で感動的なやりとりもかわされた。儀三治は、そのシーンを『遺書』の中でいきいきと綴っている。これを原文に近い形で引用すると、

父は命終際に、何成共《なんなりとも》志願有らば予が力に及ぶべきは成就と申せば、（中略）日本国中に少しも思ひ残事ない男だと申され（中略）寝て斗《ばか》りは退屈だ、起こして（と）云ふに、予が膝に抱き起こせば、嗚呼《ああ》是《これ》で楽に成たと云ふが、末後［期］の一句。

臨終の枕元で私が「なにか欲しい物か願い事がありますか？」と尋ねたところ、父は「おまえという息子がいるのだもの、なにも思い残すことはない」と答えた。そして全幅の信頼を寄せる息子に抱き起こされ（父は常々「人の様に寝ては死なぬ」と語っていたという）、「ああ、これで楽になった」という末期の言葉をもらして、あっけないほど穏やかな往生を遂げた——。

満ち足りた晩年を過ごした父母に比べ、我が身の老いは……

晩年の父が、さながら麒麟《きりん》が老いて駑馬《どば》と化したように家政に無関心になったのと対照的に、母は亡くなる前日まで、襷掛《たすきが》けで洗濯物の糊付けをしたり木綿の糸繰りをしていた。彼女は機織りの技術に優れ、雪国の厳しい冬の最中にも機織りをいとわず、その製品を売った金を元に善光寺に度々参詣し、江戸や鎌倉にも出かけて知見を深めた。亡くなったのは文化十年（一八一三）九月二十九日で、享年七十四。同じ月の十二日に長男伝之助を二十一歳の若さで失った儀三治は、息子と母を相次いで亡くした哀しみで「供［共］に穴にも沈入度程《たきほど》」（一緒に墓穴に入ってしまいたいほど）だったと、『永世記録集』の中で回顧している。

老母もまた孫の早すぎる死に力を落としていたにちがいない。高齢に精神的な打撃が加わって、胸の下が差し込んだ彼女は「寝せて呉《くれ》」と言って臥せったまま、その日のうちに絶命したのだという。「一日の看病も致さず、残念山海の如し」と儀三治は、母のあまりに突然な死を悔やんでいる。急を聞いて六日町の嫁ぎ先から駆けつけた姉も、末期の水もとれなかったと「足摺《あしずり》して」悲しんだ。こう書くと、儀三治は老母の最期にまったく関わらなかったように思う向きもあるかもしれないが、それはとんでもない誤解である。

母の面倒を見なかったどころか、彼は、孫の死で傷つき打ちひしがれた母の心を慰めるために、死の前の晩まで、彼女に本を読み聞かせていた。当時の女性には珍しく母はたいそう本好きで、とりわけ和漢の軍書を好んだという。とはいえ、仮名本ならともかく漢字の多い軍書類を忙しい家事の合間に読むのは容易ではない。そこで、いつの頃からか息子の儀三治が夜も更けてから母のために朗読することになっていた。

「義［儀］三治、今夜は仕事を休で軍書を読め」。そう言って母が鼻先に本を突きつけると、息子はその本を「終夜《よもすがら》読聞せ」たというのだ（『夜職草《よなべぐさ》』）。

母が七十三歳の年に『真書太閤記』を残らず読み聞かせた儀三治は、翌年の九月二十八日の晩にも、夜もすがら母のために朗読していた。息子の傍らで糸車によりかかりながら、母は「倦《あき》もせず」聞き耽っていたという。亡くなったのはその翌日のこと。突然の死だったので看病こそしなかったものの、彼は十分すぎるくらい老母に尽くしていたのである。

父も母も、満ち足りた晩年を過ごした末に穏やかな往生を遂げた。まあ、幸せな老後だったといえるだろう。それにひきかえわが身の老いは……。老いて楽することだけを楽しみに二十歳の頃から必死に働いてきただけに、儀三治は七十歳の現在《いま》を、こんなはずではなかったと嘆かずにはいられなかった。倹約と堪忍を信条に堅実かつ緻密な仕事ぶりで着実に家財を殖やしてきたのに。飢饉の際には義援金を惜しまず、お上の御用金も率先して払うなど、社会的にも十分責務を果たしてきたのに。俺の老後はどこでどう間違ってしまったのか。

七万字もの『遺書』を不自由な身体をおして書いた最大の動機は、おそらくこのような〝なぜ〟だったにちがいない。そしてたどり着いた原因が、跡継ぎの勘右衛門ほか家族たちの、彼から見れば、薄情でずぼらな生活態度にほかならなかったのである。それにしても、勘右衛門の一体どこがそんなに気に入らなかったのだろう。ともあれ、『遺書』の内容をもうすこし細かく見てみることにしよう。

怠慢な息子・勘右衛門にいらだつ儀三治

人の巻（長文の『遺書』は天・地・人の三巻から成っている）の冒頭で、儀三治は、以前自分が湯沢温泉に湯治に出かけたおりの勘右衛門の言葉を取り上げている。さて、勘右衛門はどんなひどい言葉を吐いたというのか。

二十代から懸命に働いた儀三治だったが、さすがに四十代になると健康を気づかうようになり、ここらで「命の洗濯」と湯沢行きを決意した。ところがいざ出かけるとなると、まだ仕事が残っているようで、なかなか家をあとにする気になれなかった。すると勘右衛門が「はや仕事は何も無いに、雪の降らぬ前に楽く〳〵入湯成され」（もう仕事もありませんから雪の降らないうちに出かけてゆっくり温泉につかってください）と言って出発を促したという。優しい言葉。

ところが老人にはこの言葉が癇《かん》に障った。「何処《どこ》もかも仕事斗《ばかり》成るに……」。仕事がないだって？　とんでもない！　身の回りには右も左も片づけなければならない仕事が山積みじゃないか。結局彼は「死んだ思ふて」「思ひ切り」（死んだ気になって、清水の舞台からとびおりるような気持ちで）湯治に出かけたのだったが、このときの勘右衛門の言葉をしっかり記憶していて、『遺書』に記しているのである。勘右衛門の仕事に対する姿勢は万事このとおりだ、というわけ。

では儀三治の湯治旅行を足止めした「仕事」がどのようなものだったかといえば、これまた『遺書』に細かく記されている。儀三治が「譬《たとえ》ば」として挙げているのは、「塵籠《ちりかご》の反古落し紙、さゝいの事ながら履《はき》もの類、緒木札の渋紙一切の事」。これだけでは何のことだかよく分からないが、勘右衛門ほか鈴木家の人々ならピンときたはずだ。なぜなら老人は十五年前、五十五歳のときに勘右衛門たちに読ませようと書いた『夜職草』の中でもこう語っていたから。

予壮年前後より麁略《そりやく》なれども活業《なりわい》の暇に手才工《さいくて》手透《すき》なく、渋紙才工抔《など》には年中掃《はき》棄《すて》の二寸三寸の反古も拾ひ、或は紙屑籠よりも穿鑿《せんさく》仕出し……。

私は家業を営む余暇に手細工で渋紙（紙を張り合わせて柿渋を塗り、敷物や包み紙にする）を作るなど、手仕事に余念がなかった。渋紙にする紙だって掃き棄てられた反古紙や紙屑籠の中から使えるのを拾い出してきたのだ――。

「履もの類、緒」云々は、やはり遺書の中で「下駄ならば鼻緒の切たり延たりせしも、大名気で手を卸さず」と勘右衛門を非難しているのでほぼ察しがつく。中風になってからも、捨てられた下駄を拾ってきては、山刀《なた》で「高低直し」（下駄の高さを揃えて）再利用しようとしていた儀三治のこと、履物の修理や下駄の緒の付け替えもまた欠かせない仕事だったのだろう。「木札」とは質札に用いる木製の札。不要になった大小の板を保存しておいて仕事の合間に木札を拵《こしら》えるのも、彼は仕事の一つに数えているのである。

なにしろ物を捨てず、手間をいとわない人で、鈴木家には儀三治が若い頃から作り貯めた〝日曜大工の作品〟の数々が所狭しと置かれていた。「詩作書物箱」（詩作をするための書物を収めた箱の意か）「絵簞笥《たんす》」（絵の具入れの簞笥であろう）といった趣味のための物から、「角煙草盆」「線香函《はこ》」「松魚節《かつおぶし》函」「灸筥《はこ》」「鍼箱」「土蔵鍵筥」「鬢附油《びんつけあぶら》筥」「下駄箱」等々生活用品の収納箱まで。彼の手作りの品は、五十五歳の春に数え上げただけでも実に百七、八十点に達している（したがって十五年後、『遺書』が書かれた年にはゆうに二百点をこえていたにちがいない）。私が数えたわけではない。ご丁寧に『夜職草』の中で、彼自ら「予当齢五十五才の春迄《まで》大小の箱類手才工の分、颯《さつ》と一覧」（私が五十五歳の現在までに製作した作品リストをざっと挙げてみた）と題して、一つ一つ記しているのである。さらに『夜職草』にはこうも書かれていた。

　常の暇ある時は、種々の手才工の間々に家根の差起《さしおこし》、葺替《ふきかえ》、庭、廟処の掃除、或は冬構《ふゆかまえ》、春囲《はるかこい》、窓障子に到る迄（中略）元朝より除夜の明方《あけがた》迄、手《て》透《すき》と云事なし。

　家事の合間に手細工の生活用品を作るだけではないのだ。その手細工の暇に、屋根の葺き替えを試みたり、庭や墓の掃除をしたり、豪雪地帯とて冬ごもりなどの準備も……。元日の朝から大晦日の明け方まで暇なく働いているというのである。
ワーカホリックなほどに勤勉な舅《しゅうと》から見れば、婿の勘右衛門の仕事ぶりなど怠慢以外のなにものでもなかったのだろう。性格の違いもわざわいしたのだと思う。勘右衛門が酒造業を新たに始めるなど企業家精神に富んだ人だったのに対して、舅の儀三治といったら、ご覧のとおり、のべつ幕なしに手仕事をしていないと気が済まない性分だったうえ（企業家としては、いかがなものか）、異常なほどの潔癖症でもあったらしい。

再び『夜職草』から。「十歳を越してより兎角《とかく》座敷や閨《ねや》の取乱したるを嫌ひ、夕揚《ゆうあがり》して直《じき》に爰彼《ここかしこ》と取片付け、箒《ほうき》を以て能々《よくよく》掃除せねば安堵《あんど》せぬ性質故、其俤《そのおもかげ》今に於いて直らず」

十歳の頃から家内を整理整頓、ほうきを持って掃除して回らなければ気が済まなかった彼はまた「日々手《て》透《すき》さへあれば何所もかしこも掃除仕来り候」（暇さえあれば家中を掃除する習慣になっていた）とも述べている。こんな舅と一つ屋根の下で暮らすなんて。

勤勉で几帳面で潔癖症で、しかも物を捨てない性分。となれば自ずと生活は質素を尊んだと想像される。はたして彼は「予生涯犢鼻根《ふどし》［褌《ふんどし》］、足袋抔《など》に到る迄驕《おごら》ず」、褌や足袋まで質素を旨とし、褌は木綿を染めた物を用い、それも短い布切れの前後に紐を通した簡略な「モッコ褌」を愛用した。足袋に至っては指が出るまではき古していると誇らかに語っている。これまた旧家から婿入りした勘右衛門には堪えがたかったのではないだろうか。

炬燵をめぐる息子との冷戦

自らの信条を不言実行するだけなら、それでもたいした波風は立たなかっただろう。悪いことに儀三治は人一倍世話焼きでもあった。自分の家はもとより他人の家の揉め事にまで口を出し仲裁役をつとめたがる彼は、そのため逆に批判を浴びることもすくなくなかったらしく、亡き妻から「お前の様な世話焼は図端《ずはずれ》」（貴方の世話好きは度を越えている）と諌《いさ》められたり、「是より颯破理《さつぱり》と止《やめ》て若而人《ひとなみ》に成《なら》しやれ」と諭されたりもした（『夜職草』）。

ところがこの癖は直らず、その最大の犠牲者となったのが、ほかでもない勘右衛門だったのである。

仕事のやり方ばかりか、舅は婿の生活態度にまで細かく〝世話を焼いた〟。たとえば炬燵《こたつ》に入る時間についてまで。儀三治は『夜職草』でこう語っている。――私は、二十歳のとき、どんなに寒くても昼は炬燵に入らないぞと誓い、以来五十五歳の今日に至るまで、元旦から二十日までの正月の期間と大切な客をもてなしたり帳面を写したりするとき（そして密談や風邪のとき）以外は、昼間は炬燵にあたらないようにしてきた。もっとも初老（四十歳）前後になってから夕飯後は入るようになったが――。酷暑の夏にも昼休み（午睡）を取らず、雪国の厳寒の中でも昼は炬燵に入らない。この二つは、彼の自負を支える大きな柱だった。こんな立派な舅と暮らしながら、勘右衛門お前は……というのが儀三治老人の不満の一つだった。十五年後に書かれた『遺書』で、老人の不満は激しい文章となってほとばしる。

予は一生店に斗《ばか》り、夫《そ》れを座敷の火燵に分限《ぶげん》らしく［金持ちのように］引籠《ひきこも》り、大切の店は小供にまかせ……。

私は隠居前はずっと店に居たものだが、お前は店のことは子供に任せ、座敷にこもって偉そうに炬燵でぬくぬくとしている。若いのにまるで「座敷隠居」のようだ――。

老人にとっては、勘右衛門が炬燵に入ったまま、わずかに首を下げて挨拶するのも気に入らなかった。たとえ相手が同輩の者だったとしても、首を一寸下げて挨拶されたら、こちらは二寸下げて礼を返すべきなのに、炬燵にあたったまま首を少しだけ下げるぞんざいな挨拶は、「外目にも見にくし」（傍目《はため》にも見苦しい）というのだ。炬燵と会釈をめぐる鈴木家の冷戦。

不満をこらえる儀三治に実の娘から思わぬ復讐

二人の冷たい関係は、老人が親戚に嘆きこぼすことによって、さらに泥沼化していった。

老人の『遺書』には際立った特徴がある。それは「さべらず」という言葉が繰り返し登場することである。「さべらず」は叱らない、小言を言わないという意味。

「適《たまたま》来翰《らいかん》ありて見る時は、半も見ぬ内に鳶《とび》のさろう様にひったくられたも、さべらず」（家に来た手紙を見ようとすると、半分も見ないうちいきなり取り上げられてしまった。こんな酷《ひど》い仕打ちを受けても、私は叱らない）とか、「予、多弁も中症になり言葉分からぬは（中略）云へ度《(ひ)たき》も山々なれ共、申されず。猶々予が相手に成り、珍説奇談も有るべきに更に聞かせず。夫《そ》れでもさべらず」（本来おしゃべりの私が中風で言いたいことも言えなくなってしまった。ならば今まで以上に私の話し相手をして珍説奇談を聞かせて慰めてくれるべきなのに、すこしも話をしてくれない。これまた酷い仕打ちではないか。それでも私は小言を言わない）という具合だ。何があっても「さべらず」、何を言われても「さべらず」。さべらず、さべらず。

なぜ「さべらず」なのか。不満はきりがないが、叱ると勘右衛門に大声で怒鳴りつけられるので忍の一字を守って堪えているのだという。しかしそんな儀三治も、親戚ほか何人かには、「凡人の浅猿《あさまし》さに」（凡人の哀しさ）おさまらぬ気持ちをついこぼしてしまったようだ。さて、その結果は……。

六日町に住む七十六歳になる老人の姉は、勘右衛門だけじゃないわ。お桑（老人の娘で勘右衛門の妻。『遺書』が書かれた翌年、四十五歳で病死した）にも心を許しちゃだめよ。だってあの子、亡くなった母さんに気性が似ているもの（「お桑渠《かれ》に内解《うちとけ》たる噺《はなし》すべからず。母に似た気風有り」）と貴重なアドバイスを寄せ、吉野屋（老人の父恒右衛門の兄の家）もまた、このままじゃ、今にお前は家からつまみ出され隠居屋に押し込められるぞ（「お前は今に隠居や作りて摑出《つかみだ》される」）と酒に酔った勢いで真っ正直に忠告してくれた。老人にとっては五人目の妻に当たるおりたも、二階に上がってきて「世話事が過ると」（勘右衛門のやり方に文句ばかり言っていると）隠居屋に無理やり移されてしまうと告げたという。

一方、娘のお桑は老人に面と向かって、今までお父さんにさんざん罵《ののし》られてきたから、その仕返しをしているの！（「是迄《これまで》お前にさつざさべられた、其意《そのい》趣返《しゅがえ》しのやうに噺たり」）と臆面もなく語ったとか。中風の父に冷たく当たるのは「意趣返し」、すなわち復讐なのだという。事態ここに至って、新たに実の娘の口から怨嗟《えんさ》の言葉が浴びせられたのである。もう、どろどろ。

第二幕　結婚六度

離縁を繰り返す儀三治

ここで老人こと鈴木儀三治の結婚生活を振り返っておこう。『遺書』を書いたとき五番目の妻がいた事実が物語るように、彼のそれは、「生活」というより「遍歴」と呼ぶにふさわしいものである。

寛政四年（一七九二）、二十三歳の年に迎えた最初の妻は、大崎村中島八郎右衛門の娘おみね、十八歳。早くして母親と別れたせいか「生《うまれ》た儘《まま》の女」（一人前の女としての教育を施されていないという意味だろう）で、気立てがよいのだけが取り柄で「万事何も行届《いきとどか》ず」、結婚当初から行く末が案じられたという。はたして、翌年男子を出産したものの、離縁となった（儀三治は『永世記録集』に、「無拠《よんどころなく》荷物を送り」と記している。もうこれ以上は無理と、実家に荷物を送り返したというのだ）。正式に離縁となったのは、寛政六年（一七九四）の夏である。二歳の乳飲み子常太郎は、離婚後もしばらくは母親と過ごしたが、やがて鈴木家に引き取られ、乳母の乳で育てられた。一方、離縁となったおみねは、その後浦佐の関家に嫁ぎ二人の子をもうけたが、再び離縁。しかし尼ケ島の庄屋の後添いに納まってからは、安穏な日々を送ったらしい。

彼女について特筆すべきは、鈴木家と不縁になった後も、腹を痛めた常太郎との関係が完全に断ち切れてしまわなかった点だろう。三度目の夫である庄屋米山伝兵衛がさばけた人柄だったのが幸いして、彼女は、塩沢の息子と文通し、常太郎が十八歳になった年、ついに〝涙の再会〟を果たしている。そして、数年後には〝涙の別れ〟も……。伝之助と改名した二十一歳の息子が病に倒れたと知り塩沢まで看病にやってきた彼女は、九月十二日に伝之助が亡くなると弔問にも訪れた。三十九歳になっていた母親は、自分の最初の子のあまりに突然の死に涙をそそいだのだった。

おみねに三行半《みくだりはん》を渡した翌年、寛政七年（一七九五）四月十七日に婚礼を挙げた二番目の妻は、小千谷《おぢや》の渡辺重兵衛の娘おほの（おふのとも）、お桑の生みの母である。儀三治は二十六歳。おほの二十二歳。『永世記録集』によれば、「おほの生質互の心に不叶《かなわず》」（性格の不一致ということか）、二年後の寛政九年四月に離縁したという。ところが同じ資料の寛政九年の条には「巳四月、義三治妻おほの家出」とある。おほのは正式な手続きを経て離縁したのか、それとも堪えがたくなって家出同然に鈴木家を逃げ出たのか。いずれにしろ不幸な結婚生活が繰り返されたことに違いはない。

儀三治は、この二度の失敗の理由を『夜職草』では「予壮年の頃、二人の妻を離断は、父母親類の謂《こころ》に調《かなわ》ず」と記していた。再度の離縁は舅姑と親類たちのせいだというのだが、はたしてそうか。すくなくとも彼女たちの証言が得られないまま判断を下すわけにはいかない。おほのは鈴木家を離縁されたのち安五郎という男に嫁いだが、死別であろう、後家となり、やがて中風で言語不自由の身となって没した。享年五十一。儀三治は香典として金一両を送っている。

おほの、お桑の関係は、おみねと常太郎の間ほど感動的ではない。お桑の場合もまた母が離縁されてからもしばらく母の実家で育てられ、鈴木家に引き取られたのは三歳のときだった。『永世記録集』には当時のお桑について興味深いコメントが記されている。「小千谷とも母とも一度［も］申さず候。何ケ程か三才の児に申し含め候哉」。まだ三歳（満年齢なら二歳）の幼さで母親から無理やり引き離されて来たのに、不思議に小千谷へ帰りたがったり母を求めて泣いたりしない。これは、そのようにきつく言い含められたからだろう、というのだ。その後、母娘の間で手紙のやりとりがあったかどうかさだかでない。ただ、文政五年（一八二二）四月、お桑が息子の大蔵の手を引いて「実母おふの」の大病を見舞ったと『永世記録集』に見えるだけである。

三番目の妻の死、そしてまた再婚

結婚生活の再度の破綻を経験したのち、寛政十年（一七九八）四月に娶《めと》った妻の名はおうた。二十五歳。岡之町村の村山庄右衛門の妹で、舅姑親類一同にも気に入られ、偕老同穴を願う睦まじい夫婦の時間が過ぎていった。ところが二十三年後の文政四年（一八二一）九月、四十八歳で突然の病死。儀三治はその悲しみを「忘（亡か）き妻の俤《おもかげ》 慕ふ姿見は　涙の雨に塵払ふまで」とか「秋風の戸にさわるさへ慕るゝ　もしや魂かと寝もやられず」と詠んでいる。二人の間に子供は授からなかった。

五十二歳で愛する妻を失った儀三治は、翌文政五年閏正月に早くも後妻を娶っている。堀之内大和屋の後家で四十一歳。おやすといったが、鈴木家に嫁いでおゆうと改めた。

儀三治と暮らした女性の中で、彼女は最も困難な境遇を味わった人かもしれない。亡き夫との間にもうけた七歳の娘を連れ四十一歳の年齢で後妻に入った彼女。舅姑こそ亡くなっていたが、先々妻の遺児お桑は婿を取って同居していたし、親類たちもわずらわしかったにちがいない。しかしなにより難しかったのは、ほかでもない、夫となった儀三治の扱い方ではなかったろうか。

前の年に妹（ふじ。享年四十九）と愛妻を相次いで失った彼は、二十代に患った耳の状態が悪化し難聴がすすんだことも重なって、精神状態がはなはだ不安定だった。当時を振り返って本人が「内心如夜叉《やしゃ》」（心は夜叉のようだった）と書いている（『夜職草』）のだから間違いない。そんな男の所に嫁いだ女は、おゆうならずとも犠牲者にならざるをえなかっただろう。彼女はその年の六月に早くも離縁を言い渡され、下女でもいいですから置いて下さいと懇願したにもかかわらず、鈴木家を追い出されてしまう。

わずか半年たらずの結婚生活。それでも肉の交わりはあったらしく、おゆうは離縁後に男子を出産した。彼女が三歳になった子供を連れて六日町の今成新右衛門のもとに立ち寄ったのは、文政七年（一八二四）九月十四日のこと。新右衛門から連絡を受け、翌日驚いて駆けつけた儀三治は、彼女と相談のうえ、子供を引き取ることにした。その子は弥八と名付けられた。儀三治の最後の子である。

いい歳して、五番目、六番目の妻まで……

儀三治の言いつけで六日町に弥八を迎えに行ったのは「おりた」という女性だった。

彼女こそ、七十歳で中風を病む夫にこのままじゃつかみ出されてしまうと忠告したあのおりたにほかならない。彼女は長岡の米屋惣右衛門《そうえもん》の妻の姉で、文政六年（『永世記録集』には文政五年と記された箇所もあるが、六年を採るべきだろう）六月に鈴木家に入った。夫はすでに五十四歳。残念ながら彼女の年齢は確認できていない。

最後の妻として、彼女はどのように遇されたのだろうか。これまた資料を欠いていて何とも言えないが、『永世記録集』の文政八年六月十日の条に「おりた、孫大蔵六才の時、密に夜逃して蟹掛へ眼病治療に行、七月一日帰る」とあるのは注目していいだろう。詳細は分からない。ともあれ長期の眼病治療を受けるにも「夜逃げ」しなければならない立場は、優遇とか安穏とは程遠いものだったにちがいない。

最後の妻。ならば、われわれはおりたを五番目の妻と呼んでいいのだろうか？　いや、驚くなかれ、実は彼女の前にもう一人の女性が儀三治に嫁いでいた。おりたを後妻に迎えた日からさかのぼること三カ月と十日余り、おとりという後家が鈴木家に輿《こし》入《い》れした。中条村の岡田忠左衛門の妹で、彼女こそ五番目の妻にほかならない。

しかしこの妻は、嫁いで二月足らずで夫の前から姿を消してしまう。それも普通の消え方ではない。四月十四日の夜、彼女は下女と二人で鈴木家から駆け落ちしてしまったのである。さっそく捜索人が出され、結局湯沢に逗留していたところを発見されたが、もはやこれまで。五月八日には嫁入り道具の荷を渡して離婚が成立した。

要約しよう。文政四年九月に三番目の妻を亡くしたのち、翌五年閏正月に四番目を娶り（六月に離縁）、さらに六年二月に五番目を（五月に離縁）。そして同年六月に六番目を娶ったというわけである。まったく気ぜわしい結婚遍歴である。

いくら質屋を営む有力者だとはいえ、このようなドタバタは、さすがに世間の非難と嘲笑をひきおこさずには済まなかった。「あの歳《とし》に成《なり》てまだ婬事《いんじ》が深い」（いい歳してなんてエロ親爺なんだ、とでも訳しておこう）等々。そんな地域の声に対して、文政七年に著した『夜職草』で、彼はこう弁解している。

難聴の障害を持つ私が夜一人で閨《ねや》にいるようでは、ただでさえ人手の足りないわが家のこと、火の用心その他が心配で、家族はおちおち外出もできない。それに諺にも「年寄と大病人は女子の介抱［＝介護］でなければならぬ」と言うではないか。

懲りずに後妻を迎えようとしたのは、家の用心とわが身の介護のためだという。それを色情に駆られてなんて非難する手合いはさだめし「蠡《はまぐり》を以て海を測る」に等しいとも反論している。器量の小さい人たちに私の大きな心は到底はかりようがない、というのだ。

たしかに妻という名の専属的な女手を確保しておけば、身の回りの世話でも細かい家事でも便利この上ないだろう。儀三治の言い分には一理も二理もある。しかし五十代の彼が性欲の灯を依然とぼしていたことも事実だ。なにしろわずか数カ月の夫婦生活で四十一歳の後家をしっかり孕《はら》ませたのだから。

そういえば、『夜職草』で彼は十八歳の年に出雲崎《いずもざき》で仲間に誘われ女郎を買ったと告白している。「吾《われ》一人宿替《やどかい》もならす」（自分だけ宿を替えるわけにもいかなかったから）と弁解しているが、女郎たちの姿を「西施《せいし》も面《おもて》を愧《はじ》、小町も顔を掩計《おおうばかり》なる嬋娟《たおやか》なる風情」と描写しているのを見ると、生涯に一度のこの体験はまんざらでもなかったようだ。すくなくともこの人、女嫌いだったとは思えない。少年の頃から趣味で絵筆をとったが、作品の中に遊女の図もある。裾から白いひざがこぼれ出た女の肢体《したい》が艶《なま》めかしい。

第三幕　老人の正体

娘婿と激しく衝突し、孫にも被害が……

『遺書』に戻ろう。実の娘から「復讐」（「意趣返し」）という言葉を浴びせられた背景は、以上の結婚遍歴を振り返ると、なんとなく理解できるような気がする。

異常なほど几帳面で潔癖症のうえ倹約と勤勉がなにより自慢の父は、一方で自分の母親を含め多くの女の人生を狂わせ傷つけた男でもあった。毎日偉そうに家族や村の人たちに説教を垂れながら、自分が人からどれほどうるさがられているか意に介さない人。そんな父親に対する積年の感情が（なにしろ幼くして実の母親から引き裂かれ、しかもその母のことを決して語らないよう言い含められて父の家に戻されたのである）、夫と父の衝突を機に激しい言葉となって吹き出した——そう推察したくもなるのである。

儀三治とて自分の欠点は十分承知していた。『夜職草』の中で、彼はおのれの「非」

（欠点）として、家内の者たちをしばしば叱ること。四十代になってから（深夜まで読書や手仕事に根を詰めるせいで）「朝寝」（朝寝坊）の習慣がついてしまったこと。そして、自らを褒め誇る「自賛の非」があること、の三つを挙げている。わけても三番目の欠点は、人にも指摘されたのか、よく心得ていて、自分のことばかり「己惚《うぬぼれ》」て書くので子や孫たちはさぞかし「片腹痛」く思うだろうと書いているし、また手作りの箱百数十点を列挙したあとで、こんなことまで自慢げに書く私を子孫はきっと「馬鹿の上盛阿爺《うわもりおやじ》」とあざ笑うにちがいないと言っているほどだ。

わかってはいるが、家族の行動の一つ一つに口を出し、瑣末な家事に手を出さないではいられない儀三治。そんな世話焼きと自惚れから、舅と婿は激しい衝突を繰り返すようになっていった。

老人が大切にとっておいた大小の板切れを打ち割って焚き物にしようとする婿と、それをもう一度拾ってきて木札や小箱を手作りで拵える舅。不仲の婿は、以前はそれでも月に一、二度は二階に上がってきたものだが、やがてまったく姿を見せなくなった。

激しい衝突とは、たとえば次のようなものである。——ある日老人が「一寸しても仕事、一丈しても仕事」（ちょっとやっても仕事。たくさんやっても仕事）と、まるで勘右衛門がわずかな仕事しかしていないようにつぶやきながら終日忙しそうにしていた。それを横目で見ていた勘右衛門が、キレた。大声で怒り罵った。決定的な場面を『遺書』はこう記している。

さあ、是《これ》からをら［＝俺］が隠居しる。おまへ亭主になつて好なやうに仕《し》たが能《よ》かざると、二階の絵道具などぐわり〳〵と下へ投げ落し、大蔵まだ十才位の時、座敷に何心なく居たに首を叩《たたき》、大声揚《あげ》て泣き、あれ程世話しがる祖父様より、是から絵を習ふと其分《そのぶん》にせぬと叩きけるは、予を面《つ》ら当てに叩くは、六十題［代］の兀天窓《はげあたま》を砕る思ひ……。

孫の大蔵が十歳位だったというから、『遺書』が書かれる十年ほど前の出来事だろうか。六十そこその儀三治はまだ中風も病んでいない。忙《せわ》しなく立ち働きながら孫に絵を教えたり、例によってお得意の箱作りに手を動かしていたり。もちろん勘右衛門やお桑に日々事細かい注意（説教）を垂れていたにちがいない。

いいかげんにしてくれ。勘右衛門は「そんなに文句があるなら、俺が隠居するからお前が当主に返り咲いて好きにしたらいい」と啖呵《たんか》を切り、儀三治が大切にしていた絵道具を二階から投げ落とした。それでも気持ちのむしゃくしゃはおさまらず、息子の大蔵にまで八つ当たりして「あれほど忙しそうにしている爺様に絵を習っているとはけしからぬ」と体罰を加えたというのである。さすがに可愛い孫が自分への面当てに叩かれるのを見て、儀三治はおろおろ。親戚の吉野屋が駆けつけて騒ぎはようやく鎮静したのだが……。それから『遺書』が書かれるまでの約十年、鈴木家では一体どれくらいこのような〝茶の間の修羅〟が繰り返されたのだろうか。

不幸はお構いなしにやって来る。『遺書』を書いた翌年にお桑が四十五歳で亡くなり、さらにその翌年、いたたまれなくなった儀三治は、ついに家を出て、長男伝之助の遺児おす<ruby>わ</ruby>を分家させていた岩本屋に居を移した。

越後塩沢村の鈴木儀三治。『遺書』を見るかぎり、彼の老後は不幸そのものだった。

儀三治の正体——郷土の偉人、名作の著者

老人は、住み慣れた家を出た翌年、天保十三年（一八四二）五月十五日の午後六時頃息をひきとった。死因は中風の再発だったという。享年七十三。遺体は生家に程近い長恩寺に葬られた。墓石は父の恒右衛門が生前に建てたもので、儀三治は父たち同様その墓石の下に埋められたのである。

娘夫婦との長い確執の末に亡くなった哀れな老人。しかし晩年の不幸をもたらした原因の大半は老人の柔軟性のない偏屈な性格であって、娘のお桑も婿の勘右衛門も、ある意味では老人以上に傷ついていたのかもしれない。家庭内のもめ事や骨肉の争いは、しょせん外の人間が口をはさめるものではなく、ましてや百五十年以上も後の歴史研究者が、たまさか残った記録をたよりにとやかく評すべきものではない。老人を「かわいそう」と感じる人もいるだろうが、「こんな嫌な爺、当然の報いよ」と言い切る読者だって、すくなくないはずだ。

私は〝鈴木家の戦争〟において誰が犠牲者で誰が加害者だったかを明らかにするために長い『遺書』をひもとき、その背景をたどってきたわけではない。では一体なんのために。それは、第一にこれほどの著名人がかくもまずい最晩年を過ごしたなんて、と驚き哀れんだからであり、と同時に、老人と家族との感情のもつれを詳細かつ鮮やかに綴った内容の面白さにすっかり魅了されてしまったからだ。

著名人。そう、とうからお気づきの読者も多いにちがいない。『遺書』を著した老人、鈴木儀三治とは、名著『北越雪譜《ほくえつせつぷ》』の著者として知られるあの鈴木牧之《ぼくし》にほかならない。

『北越雪譜』は、「越後の雪の観察記録を主題に雪国の風俗・習慣・言語を伝える」

随筆であると、『広辞苑』が紹介するほど有名な作品であり、牧之の名も、『国史大辞典』ほかほとんどの歴史辞典・人名辞典に見られるだろう。『北越雪譜』は出版当時から今日に至るまで多数の読者を獲得してきたし（昭和十一年〈一九三六〉に岩波文庫になり、一躍読者層が広がったという）、同書を含めた牧之の他の作品も『鈴木牧之全集』全二巻（中央公論社刊）に収められている。

地元新潟県で、牧之が郷土が生んだ歴史上の名士として敬意を払われているのはいわずもがな。新潟県が編集発行した『新潟県史』では「鈴木牧之と北越雪譜」の項に、座像や資料の写真等を加えて正味六頁がさかれているし、出生地の塩沢町には鈴木牧之記念館が建てられ、毎年多くの参観者が訪れている。塩沢駅でおりれば駅前のアーチに大きく、「北越雪譜の鈴木牧之の生誕地」と書かれ、駅から十分足らずの所にある「すずき酒店」の看板にも「鈴木牧之翁生家」とある。牧之は町の象徴そのものなのだ。

郷土の偉人を讃える例は、細かいものまで挙げればきりがない。塩沢町では「牧之」という銘柄の酒がつくられ、毎年二月には牧之をしのんで「雪譜まつり」が催される。そしてこれは塩沢からやや距離があるが、現在の長野県下水内《しもみのち》郡栄村では、「牧之の宿」と名付けられた宿さえ営業している。五十九歳の年に信濃と越後の国境のこの地域を訪れた牧之は、『秋山記行《あきやまきこう》』を著して山村の興味深い風俗や暮らしぶりを紹介した。牧之によって初めて世に紹介された秘境秋山郷。その縁で彼の名が選ばれたのである。観光と地域興しの恩人ということらしい。

彼はまた登山家の間でも一目置かれている。文化八年（一八一一）に標高二一四五メートルの苗場山に登った牧之を、ある山の愛好家は、「真に雄大な山岳景観を求めての登山はまだ行われていなかった」当時、宗教上の理由でなく純粋に「山に登りたくて登るという、近代登山の形をとった斬新なものであった」と高く評価しているし、明治六年（一八七三）生まれの登山家で日本山岳会会長も務めた木暮理太郎《こぐれりたろう》の『山の憶い出』でも、牧之は「鈴木牧之君」と親しげに呼ばれている。

川端康成『雪国』を開いてみよう。「雪のなかで糸をつくり、雪のなかで織り、雪の水に洗い、雪の上に晒す。績み始めてから織り終わるまで、すべては雪のなかであった。雪ありて縮あり、雪は縮の親というべしと、昔の人も本に書いている」と見える「昔の人」とは鈴木牧之をいい、その「本」は『北越雪譜』にほかならない（引用は必ずしも正確ではないが）。

家の二階にこもって『遺書』を綴った不幸な老人のもう一つの顔は、郷土の偉人であり、時代を超えて広く読みつがれる名作の著者だったのだ。実に大変な人物だったのである。

『遺書』を綴りながらベストセラーの続編を執筆

子供の頃から耳を患っていた牧之だが、そのほかはいたって健康で、中風で倒れるまでは、四十代半ばに「ひぜん」（疥癬《かいせん》）で苦しんだのを除けば「一点の病」も知らないほどだったという。頑丈な健康体と親ゆずりの頭脳に恵まれた彼は、旺盛な読書力と持ち前の知識欲で、家業に励みつつ着実に文人的教養を身につけていった。環境もうってつけだった。俳諧の宗匠として知られた父恒右衛門（牧水）は中央の文化人たちとの交際が広かったし、質屋を営む鈴木家の経済力も越後に来遊する文人たちの足をひきつけた。牧之自身も十九歳で商用をかねて江戸に出かけ、五十歳の年にも耳の治療のため江戸に滞在するなど、江戸の文人たちと親交を深める機会を持った。

実際に会って話したり手紙や色紙の交換をした文人の数は、牧之の代だけで二百名を超え、その中には、曲亭馬琴や山東京伝、京山あるいは十返舎一九などとりわけ交際が深かった人々のほか、大田南畝、谷文晁、市川団十郎……等々の著名人の名も見える。もちろん越後国内の文人たちとも積極的に交わった。牧之が偕老同穴を誓った、うた（三番目の妻）の実家の本家で女婿の勘右衛門の実家でもあった岡之町村（現・

新潟県柏崎市）の旧家村山家などは、その代表格だろう。村山家は代々文芸や茶の湯を愛し、今も残る同家の庭園「貞観園《ていかんえん》」は、文人墨客が来遊滞在した往時をしのばせる。『北越雪譜』では村山藤左衛門《とうざえもん》が秘蔵する「亀の化石」のことも紹介されている。藤左衛門は「余が壻《むこ》の兄なり」すなわち勘右衛門の兄で、牧之が、経済的にも文化的にも豊かだった村山家との交際を心から喜んでいた様子がうかがえるのである。

さて、その『北越雪譜』だが、豪雪地帯の人々の風俗と生活をさまざまなエピソードを添えて興味深く綴ったこの作品を、牧之はすでに三十前から構想していたらしい。天保九年（一八三八）三月に馬琴にあてた手紙で、彼は同書の初巻がようやく出版され送られてきたことを報告し、「四十年来の大願成就」としみじみ述べている。原稿を何度も書き直し、それにもまして山東京伝、曲亭馬琴、山東京山など多くの仲介者の手を経て難産の末にようやく出版にたどり着いただけに、最初の一冊を手にした牧之の感慨はひとしおだったにちがいない。

初編三冊（上中下三巻）は天保八年、牧之が六十八歳の年に刊行された。でき上がった本に不満はすくなくなかったが、そんな著者の心とは裏腹に、本は発売するやいなやたちまち七百部が売れた。当時としてはベストセラー。おのずと本屋は続編の出版を急ぎ、続編は『北越雪譜』二編四冊（春夏秋冬の四巻）として刊行された。二編の初巻（春の巻）には天保十一年（一八四〇）の京山の序文が添えられているが、最後の冬の巻が出たのは二年後の天保十三年であったという。

ということは……。あのどろどろした『遺書』を綴りながら、牧之は同時に畢生《ひっせい》の著の続編を執筆していたことになる。はたして天保十年七月に書きおえた『遺書』（人の巻）にも、この「随筆」（牧之は『遺書』を随筆とも呼んでいた）は「死後の遺筆教訓の端にも成らんと、雪譜後編もさし置」いて書いたものであると記されている。

鈴木牧之記念館には牧之の書き込みのある『北越雪譜』が残っているが、そのうち天保十年十月の書き込みには、「中風の身なのに執筆の催促がしきり。震える手で挿絵や文章を書いている」旨述べられている。なにも本屋を怨んでいるわけではない。書き込みにはまた「来夏は出版也。灯火下に認、眼鏡不用 認《もちいずしたため》 候」とも書かれていて、出版の期待で老いた胸を膨らませている様子がうかがえるのだ。

「いま私は幸福な老いを過ごしている」

不幸なはずの老人は、意外に充実した日々を送っていた？　そういえば、天保十三年正月、亡くなる四カ月前に配った『北越雪譜』二編の出版披露の刷物《すりもの》でも、彼は老衰と病苦の中の〝愉悦〟をしみじみと語っている。宿願の著書がようやく完成し、日本中に流布することは、なんとも喜ばしい。そう述べたあとで、老人は次のように書いているのである。

我中風も、言舌のふわかりのみ、是も互に筆談にてたらはぬ事もなく、能方《よき》の目は眼鏡も入らず、只寝起におかしき所あれども、敢《あえ》て人の手をもからず、大聖の肱《ひじ》を曲て枕とす、楽其中にありと、げにさこそと有がたく、今身の老をなぐさむるならむ。

中風でしゃべるのは不自由だが、筆談でも用は足せる。右目は完全に見えないが、左目は眼鏡の必要がないほどだ。困るのは朝晩の寝起きの際だが、これだってなんとか自分一人でやっていける。孔子は肘《ひじ》を曲げて枕にするような質素な生活の中にも楽しみがあるとおっしゃった。まったくそのとおり——。

最後の一文は、「いま私は幸福な老いを過ごしている」と意訳できるだろう。虚勢かもしれない。酷使し続けた左目の視力だって実際はかなり衰えていたはずだ。しかし、あえて虚勢を張って見せているところに、残された生への前向きな姿勢が感じられるではないか。『遺書』を書いた老人とは別人のような、もう一人の老人がここにいる。

別人のようなといえば、老人が七十を過ぎてから折々に詠んだ句にも、『遺書』の著者とは思えない、枯れた瑞々《みずみず》しさが溢れていた。

二階の部屋にこもりながら、震える手で絵筆をとり、描きあげた絵に「こがらしのたるみに撞《つ》や鐘の声」とか「蟬鳴くや今日も頻《しきり》に眠くなり」といった句を添えた彼は、七十一歳のある冬の日に、短冊に「そっと置くものに音あり夜の雪」としたためている。雪の夜の静寂を透明な感性で詠み切ったこの句の作者が、あの「さべらず」「さべらず」と綴った人と同一人物であろうとは……。

老人の心はうかがい知れない

老人の本当の心はうかがい知れない。そう語ったのは、昭和二十二年（一九四七）に八十一歳の生涯を閉じた文豪、幸田露伴だった。

最晩年の露伴に親しく接した内田誠の著『落穂抄——露伴先生に聞いた話——』（一九四八年刊）には、七十代半ばを超えた文豪が折々に漏らした言葉が集められている。「役人とお触れの多い時は世の中が不景気になる」とか、「歴史は嘘つぱちをよせ集めたものだ」とか。老いてなお辛口の警句を吐いていた露伴が、ある日しみじみ

内田に語ったのは、

人の一生のうちで最も知り難いものは老人の心理であろう。昔から老人の心理を正直に告白した書などないからである。老境に入り文筆など弄するものなどはなく、壮年にしては老人の心理など解し得まい。

自らの老境に照らした感想であろう。老人の心は分からない。露伴に接していると内田もまた同じように感じることがあった。目も耳も衰え寝たきりの状態になった老文豪に「何もなさらず、さうしてゐらして何をお考へでせうか」と尋ねると、露伴は「なに、昔のことをいろいろ思ひ出してみては楽しむでゐますよ」と「ほんとうに楽しさう」に応えたという。

越後国塩沢の質屋鈴木屋の隠居が最晩年をどのような心境で過ごしたのか、結局のところ誰にも分からない。息子と娘に先立たれ、跡継ぎ勘右衛門と深刻な対立の末、住み慣れた家を出た中風病みの儀三治老人が悲惨そのものに見える一方で、半生を費やした著述の完成に生命の余力をふりしぼった牧之翁の知的で芸術味溢れる最後の日々は、われわれに羨望の念を抱かさずにはおかないからである。

老人の心は容易に解しがたい。すくなくともその幸不幸は、江戸の昔から、すでに一般的な統計や身体の症状だけで判別できるほど単純なものではなかったようだ。複雑な老いの心をあざやかに伝える儀三治老人の『遺書』。それは文人鈴木牧之の『北越雪譜』以上に今日的価値を帯びた資料といえるかもしれない。

第二話

それからの吉宗

——大御所様残日録

第一幕　華麗なる名君

豪放で力感あふれる〝暴れん坊将軍〟像

神君とあがめられた徳川家康はとりあえず別格として、江戸幕府の歴代将軍のなかで、八代将軍徳川吉宗ほどさまざまなエピソードでいろどられている人はいない。逸話は『兼山麗沢秘策《けんざんれいたくひさく》』ほかの書物に記され、あるいは在りし日の彼を知る古老たちによって子や孫の世代に誇らしげに吹聴された。その結果、吉宗伝説は、吉宗の死後百年近く経っても、人々の間、わけても諸大名や旗本たちの間であざやかに生き続けていた。

一体どのような伝説や逸話が残されていたのか。手っ取り早く見ようと思うなら、文化六年（一八〇九）から三十五年かけて著された幕府の正史『御実紀《ごじっき》』（『徳川実紀』）をひもとけばいい。『御実紀』のうち『有徳院殿《ゆうとくいんでん》御実紀』（有徳院殿は吉宗の戒名）には将軍時代の治績や出来事が年をおってごく簡単に記録されているだけだが、二十巻にのぼるその『附録』は、さながら彼のエピソード集というべきものだからである。

まず目につくのは、頑健な身体と強靱な体力を伝える話の多いことだろう。たとえば「御身の丈も衆に越させ給ひけるが」（身長も格別に高かった）として、鶉《うずら》狩りの際に七、八百人の勢子《せこ》に囲まれても吉宗は頭一つとび出ていたという話が紹介されているし、茶亭の屋根にあがって太綱に結んだ碇《いかり》をひっぱり上げる力比べのゲームに興じた（なんと将軍みずから！）話も載っている。力持ちといえば、こんな場面もあったとか。

王子村に鷹狩りに出かけたときのこと。折から春雨が降りだしたので、吉宗は左手に手綱、右手に傘を持って愛馬亘《わたり》にまたがっていた。傘は長柄でかなり重い物だったのに、いとも軽々と持っている。やがて風が強くなり雨足も激しくなったが、吉宗の傘は少しも傾かず衣も濡れなかった。そんな姿に「見る人その御力量のほどをぞ感じける」（公方様の圧倒的なパワーに人々は感嘆しきり）——。

豪放で力感あふれる、〝暴れん坊将軍〟そのままの吉宗像。時代劇から抜け出してきたような姿は他の話からも拾うことができる。なかでも、ある年の二月、葛西《かさい》に出かけた帰途のエピソードは、圧巻だ。

寺島から舟（もちろん将軍専用の）に乗り浅草の「みくら」（米倉）辺にさしかかったとき、陸上では火災が起き、強風にあおられて炎はみるみる広がった。火を避けて逃げまどう住人や火消しの士卒が行き違い騒然とするなか、これでは埒《らち》が明かないと思ったのか、陸に上がるやいなや、吉宗は愛馬（やはり亘）に笞打《むち》ち「むらがり立たる衆人の中を、一散にのりぬけ、本城にかへらせたまふ」というのである。駿馬《しゅんめ》をはしらせ一人城へと急いだ将軍。遅れてはならじとお供の面々は駆け足で付いていったが、とうてい追いつかない。ただ一人、目付の仙波七郎左衛門道種だけがなんとか御馬のあとに従い、吉宗が大手門に入ろうとするとき「還御《かんぎょ》なり〳〵」（お帰り！）と門の番士たちに声をかけた——。

ずば抜けた体力と胆力

体力を持て余したような将軍だったから、狩り、なかんずく鷹狩りが大好きだったのはいうまでもない。「鷹つかはせ給ふ事は天然に其《その》妙を得たまひ」（鷹狩りの才能は天性のものといってもいいほど優れていらっしゃった）と感嘆された彼は、民情の視察や幕臣たちの武芸奨励も兼ねて、生類憐れみ政策で行われなくなっていた将軍の狩りを復活し、頻繁に江戸郊外に狩りに出かけている。おのずと狩りの場での逸話・伝説も生まれようというもの。たとえば『附録』には次のような逸話が拾われている。

狩りの場では、かねてより小姓の小笠原石見守政登《いわみのかみまさなり》が馬に乗ってお側近くひかえていた。あるとき、傷を負って猛《たけ》り狂った猪が、御前に駆け込んで来た。石見守は直ちに鎗をおっ取って突こうとしたが、猪はこれをものともせず、石見守の馬を牙で跳ね返し、人馬ともに横転させた。幸い牙は鎧に当たって折れたので死には至らなかったが、いずれにしろこのままでは石見守の命は風前の灯……。さて、この様子を見た吉宗公は、傍にあった鉄砲を「かろ〴〵とふりあげて」床几《しょうぎ》から立ち上がり、「たけりきつたる野猪の額の真中を、たゞ一打にうち倒し給ひければ」（猪の額の真ん中を打って倒したので）、人々は「みな一同に驚歎せり」——。

吉宗の怪力が小姓の命を救ったというのである。

平戸藩の老公で、『御実紀』の監修者林述斎《じゅっさい》の親友でもあった松浦静山《まつらせいざん》（一七六〇—一八四一）の随筆『甲子夜話《かっしやわ》』巻五十一には、述斎から『御実紀』の原稿から省かれた内容まで聞かされていたのだろうか、右の話がより詳しく紹介されている。それによれば、駆け込んで来た猪は、鼻先が白く背中に小木が生え白い花が咲いていたことから、「五月白《さつきじろ》」の異名を取る「年を歴たるもの」で、そんな猪が向かって来たのでお側の人々は立ちふさがってこれを防ごうとしたが、はやくも矢頃《やごろ》（矢の射程圏内）

を越えて突き進んでくる猪に打つ手がなくなったとき、吉宗が「御筒《おつつ》」を振り上げて猪の頭をしたたかに打ち、さしもの五月白もひるんだところを人々折り重なって仕留めたのだという。さて、人々が「御勇力」を賞嘆すると、吉宗は「是《これ》ほどのことを」(このくらいのことで……)とおっしゃっただけで、お誇りになる様子もなかった――とも記されている。

話の細部は『御実紀』とすこし異なるが、ずば抜けた体力と胆力の持ち主だったことが物語られている点は同じ。これがたんなる伝説上の話でなかったのは、吉宗の没後三十数年で書かれた根岸鎮衛《やすもり》の『耳嚢《みみぶくろ》』巻一に、将軍家は代々筋力のすぐれた方が多いが「有徳院様は余程に勝れさせ給ふをまのあたり見奉る」とあるのを見てもあきらかだろう。鎮衛は、実際に吉宗のお側に仕えた者から、筋力のすごさをこの目で見ましたという証言を得ていたのである。

酒好き、美食家で、嫌煙派

伝説は、吉宗の圧倒的な体格と筋力について述べたものに止まらない。家臣に対して慈愛に満ちた態度を示したとか、役者の俳号まで承知していたとか(しもじもの世界にも通じていたというわけだ)、狩りで出かけた郊外で裸体になって涼をとった話とか（豪快で親しみやすい性格だった）。その一方で古典的知識を重んじ風流を愛し、研究熱心で緻密な政治家であったことを語るエピソードもすくなくない。でもここではこれらすべてを割愛し、健康に影響を及ぼしたと思われる話題にしぼって話を拾ってみたい。

最初は酒のこと。『附録』は言う。「常に酒を好み給ひしかば、放鷹のときは、かりのおましにて行厨《こうちゆう》（弁当）を開かれ、いつも御酒宴を催され、興にいらせ給ひしかど……」。吉宗はたいそう酒好きで、放鷹（鷹狩り）の際には出先でいつも酒宴を設け楽しんでいたという。同書はまた別の箇所でも「御酒宴などの時興にいらせ給へば、侍臣等と共に立て舞などし、戯たまふ事も有しが」と述べていて、酔えば楽しくなるタイプだった様がうかがえる。

とはいえ過度の飲酒で乱れることはなかったらしい。「ふかく酔給ひし御容を、つゐに見奉りしものなかりし。すべて何ごとも、中分を過《すご》させ給ふことなかりしといへり」（酔ってどんなに愉快になっても、けっして泥酔した姿など見せなかった。何事につけても度を過ごさなかった）と見え、「酒もこのませ給しかど、あらかじめ数をさだめたまひ、そのかぎりをすごし給はざりしとなむ」とも記されている。飲んでも一定量を超えない、節度ある飲み手だったというのである。はたしてそのとおりだったのか？　ともあれ、飲めば家来たちと一緒に踊りだすほど酔ったことに変わりなく、彼の体格や体力を考えれば、一定量といっても、それは相当の量だったと思われる。

酒飲みであると同時に、吉宗はかなりの食通だったようである。「もの丶味をしろしめし分られしこと、またたぐひなし」——。微妙な味の違いを指摘したり、出された料理を見て（食べて）これは「しめ鯛」だろう、「白川大豆」だろうとピタリと当て、食材調達の担当者である賄頭《まかないがしら》たちを驚かせたことも一度や二度ではなかった。総じて魚類が好物だったが、意外にも甘い物にも目がなかったらしい。『耳嚢』にこんな話が載っている。ある大名家で「家法の菓子」（秘伝の製法でつくられたお菓子という意味か）があると聞いた吉宗公、さっそくこれを「御所望」になり、感激した大名が差し上げたところ、とても嬉しそうに召し上がった（「殊の外御称美にて召上られし」）というのである。

『耳嚢』にはまた、九十を過ぎるまで生きていた幕臣の古郡《ふるこおり》孫太夫が、賄頭時代、駿河産のもち米でこしらえた特製の安倍川餅を吉宗に献上した話も紹介されている。富士川の流れと富士の雪水で育ち実った米を原料にした安倍川餅を、〝違いのわかる〟吉宗公はやはり「殊の外御称美」になり、以来、古郡家では毎年安倍川餅を献上するようになったという。

酒好き（酒豪？）で美食家しかも大の甘党だった八代将軍。では喫煙はどうかというと、こちらはごく健康的で徹底した嫌煙派だったようだ。松浦静山は、林述斎（前述のように『御実紀』の監修者であり、折から吉宗に関する資料や聞き書きファイルを手元に置いていたにちがいない）から聞いた話として、こんなエピソードを記している（『甲子夜話』巻四十九）。

まだ若かった頃、吉宗公は同席した守山公《もりやま》（陸奥守山藩主。徳川光圀《みつくに》の甥の松平大学頭頼貞《よりさだ》）の煙草の煙に閉口していた。いやがる吉宗公。しかし守山公は悪戯《いたずら》っ気があって、わざと煙を吹きかけて喜んでいた。さて、吉宗公が将軍職に就いてからも二人は仲のよい間柄だったが、ある日、往時を思い出して吉宗公のおっしゃることには、「其方《そのほう》の烟草にてふすぶるには困りたり」（お前が煙草の煙で私をくすぶるのには本当に参ったよ）。すると守山公は、恐縮するどころか「口を開て大笑したりとなん」——。

主人公は守山公で、静山はその豪放磊落《らいらく》な気性に感じて右の話を書きとめたのだろうが、お陰でわれわれは、吉宗の煙草嫌いを確かめることができるのである。

薬を調合する将軍

健康にまつわる逸話といえば、彼の薬好きにもふれなくてはならない。吉宗が薬草の採集や栽培を奨励し、朝鮮人参などそれまで輸入に頼っていた薬種の国産化をはかったことはよく知られている。薬学・医学に関する書物を海外から取り寄せ、自ら研究したばかりでなく、丹羽正伯《しょうはく》ら医師に命じて、医者にかかれず高価な薬も手に入れられない庶民のために、手軽に行える治療法を集めた『普救類方《ふきゅうるいほう》』を編纂させたりもした。この家庭医学ハンドブック（あるいは民間療法ガイドブック）は、享保十四年（一七二九）に刊行され、一部の値段を比較的低く定めたうえ、江戸の書店を通じて全国に広く販売されたという。

人々の健康増進をはかり、医療の充実と薬品の研究開発を政策的に実施した徳川吉宗。おのずとそのエピソードにも薬にまつわる話がすくなくないのだが、ちょっと変わっているのは、将軍自身が薬を調合したという内容のものが目立つことである。すなわち『附録』に「御みづからも医薬の事つねに沙汰し給ひ、良薬奇方どもあまた製せられ……」とあり、続いて、老中、若年寄、側近、近習《きんじゅ》そして大奥の女房たちはもとより、乞われれば大名の家来や下級幕臣たちにまでお手製の薬を分け与えたと記されている。

それにしても、吉宗はどんな薬を製したのだろう？　「兎脳催生丹」と「陰陽二血丸」は評判の薬で、希望者に広く施し与えたため、庶民に至るまでこれらの薬で病を癒した者がすくなくなかったという。「熱湯散」も「世にまれなる」良薬だったが、こちらは医家出身の小笠原石見守政登（そう、猪に突き飛ばされ吉宗に救われたあの小姓である）から製法を伝授され、薬房（江戸城内の製薬室か）で製造したものだったとか。

以上は『附録』に出てくる例だが、ほかに『甲子夜話』には「疱瘡之呪薬」（天然痘にかからないための塗り薬）や水死人を生き返らせる薬など、今日の常識に照らしてどうかと思われる薬が登場するし、『耳嚢』にも、吉宗が蚊を集めて吸膏薬《すいごうやく》（腫れ物の膿を吸い出すために貼る膏薬）の原料として用いた話が載っている。根岸によれば、この話を聞いて「さすがに明君、道理にかなっている」と感心した医者がいたそうだが、原料が蚊だから膿をよく吸うという着想は、いささか短絡的で非科学的すぎないか。ともあれ、いずれの書物でも、吉宗の薬は良く効いたと記されている。一例を挙げよう。

新番組頭の武田孫七郎が朝早く江戸城に出勤しようとしたところ、霜が深くて道がすべりやすくなっていて人馬ともに転倒。手足が麻痺して歩行もかなわず、駕籠《かご》に乗せて家に運ばれた。孫七郎が医師の治療を受けていると耳にした吉宗公は、小笠原石見守を通じてお手製の「百草霜」一包を武田に賜った。さて、この薬を服用すると症状は快復し、さらに一包服用すると完全に平癒してしまった――。

『附録』は続けて「この頃はかゝる不次《ふじ》の恩命、折にふれてありしとぞ聞えし」と補足している。吉宗の時代にはこのような破格の恩をこうむることが珍しくなかったというのだ。吉宗の薬がはたして本当に効いたのか、それともお薬を頂戴した感激（心理的効果）が症状を好転させただけなのか、真相はさだかでない。が、いずれにしろ〝公方様のお薬〟が多くの人々に下されたことは、（なかには迷惑と感じた人もいたかもしれないが）総じて知的で慈悲深い吉宗公という印象を増幅する効果を及ぼしたと思われる。

女色に迷わぬ清潔な将軍像への反論

スポーツ好き（武芸や鷹狩りは立派なスポーツである）で嫌煙派で、しかも素人ばなれした医学・薬学の知識。その体軀の頑丈さとあわせて、吉宗の将軍としての日々は、まずは健康的だったといえるのではないか。

問題は、いささか量が多かったと想像される飲酒とそして女性問題だった。女性問題？　もちろん幕府の正史である『御実紀』の『附録』には、この点について批判がましい内容や醜聞めいた話は書かれていない。採録されている逸話は逆に彼の女性に対する清潔さを物語るものばかりである。たとえば……。

後宮《こうきゅう》声色の御好さらにましまさゞるは、類ひなきほどの御事なりき。故に後宮にみやづかへする女房、いづれも奢侈にふける事なく、請謁《せいえつ》など行はるゝ事たえてなかりし。

吉宗公は、珍しいほど女性の色香に心を迷わされない方だった。そのため大奥の女性たちが寵愛に誇って贅沢にふけることはなく、私的な願い事（おねだり）を申し上げる弊害も生じなかった——。

『附録』によれば、女色に恬淡《てんたん》としていた彼は、将軍職に就いて間もなく、大奥の女性のうち容貌麗しい者を五十人余り選んで暇を与えそれぞれの家に帰したという。理由は、彼女たちは今なら希望の所に縁付くことができるからというもの。こうして大奥には、嫁入り先がないと思われる「かたち醜きもの」たちが残された。美女を大奥に縛りつけず、かといって嫁ぎ先のない女性は追い出さず、慈悲深い将軍だったというのである。

次のような逸話も。

六代将軍家宣《いえのぶ》公の未亡人で尼となっていた天英院殿の所に美貌の女性が仕えているのをご覧になった吉宗公、老女の瀬川に「かれは今の世の美人なり」（彼女は当代指折りの美女だよ）とおっしゃった。さてはお側に置きたいのだなと察した瀬川は、尼公の許しを得て、彼女を酒宴に侍《はべ》らせた。吉宗公が酒の席で親しく尋ねたことは「汝は文昭院殿にみやづかへせし女房なるや」（お前は家宣公にお仕えしていたのか）。彼女がそうですと答えると、公は「さらば、とくかへりて尼公によくみやづかへすべし」（ならば直ちに天英院様の所に帰り、今後もしっかりお仕えするように）と仰せになった。さて、それから瀬川を呼び出して、吉宗公は、かりにも先々代の将軍に仕えていた女性をどうして宴席に侍らせたのかと、不快の色をあらわにされた。そのご様子に、瀬川はもとより大奥の女性たちは、恐れると同時に、公の「御慎しみの深」さ（筋を通しけじめを重んじる姿勢）に心から感服したという――。

女色に迷わぬ毅然として清潔な将軍像。しかしこのような美談を読まされて、できすぎている、きれいすぎると感じるのは私だけではないだろう。女性問題ではなにかとゴシップが取り沙汰されていた吉宗だけに、述斎以下『御実紀』の編者が意識的にきれいごとを並べたのではないか、事実を曲げて書いたのではないかと勘繰《かんぐ》りたくもなるのである。

はたして江戸風俗史の大家である三田村鳶魚《えんぎょ》は、大正十三年（一九二四）に『日本及日本人』に連載した「不良将軍吉宗」で、吉宗の女性問題をさまざまな史料を引いて指摘している。曰《いわ》く。

「今日この頃になっても、歴史家という血の気の薄い連中は、知らないはずのない珍しからぬ資料をよそに（氏家注・よく知られた史料に書かれていることを無視して）、吉宗のすべてを感服している。（中略）今日は珍しくないところをここへ持ち出して、褒めさせてばかりはおかない」――。

鳶魚が挙げているのは、六代将軍家宣の側室で、幼くして没した家継《いえつぐ》の生母月光院と密通していたという噂や（さすがにこの伝説には鳶魚も懐疑的だ）、綱吉の養女でのちに島津継豊《つぐとよ》夫人となった竹姫との情事、あるいは夫のいる女性に無理やり夜伽《よとぎ》をさせた話などなど。これに「吉宗公、将軍宣下《せんげ》仕給ふ事は誠に御立身成りしが、止がたきは色情なり……」（『清濁太平論』）といった史料の引用が花を添える。引用史料の信憑《しんぴょう》性《せい》に疑問がないではないと断りつつ、鳶魚の筆はさらに激しさを増していく。「吉宗は政治には存分な倹約を行ったが、女にはすこしも倹約の形跡がない」「要するに才知だけの人だったので、持って生まれた助平根性は、その終身に祟《たた》って、何程の煩いをしたろうか」。さすがに最後はいくぶん穏やかになって、「世人は吉宗を賞賛するに忙《せ》わしい。名将軍と相場をきめてしまった。我等はかれのごとき有為な人物であって、しかもかくのごとき失態の多かったことを悲しむ」と結ばれているのだが……。

すぐれた政治家で幕府中興の将軍と評されてきた徳川吉宗が、はたしてどれほどの大酒呑みで、どの程度「助平」だったのか、所詮《しょせん》今のわれわれには明らかでない。ともあれ、信頼できる逸話も含めて数ある伝説から浮かび上がってくるのは、知的で豪放で、しかも艶聞に富んだ彼の人生そのものではないだろうか。述斎がことさら美談に仕立て、鳶魚が口をきわめて糾弾した女性問題も、吉宗が質実剛健を重んじ経済政策に苦慮しただけの将軍でなかったことを教えてくれる、歴史家にとっては興味深い側面である（歴史家は「血の気の薄い連中」とは限らないのだ）。多くの美点をそなえ、かつ欠点もあわせ持っていた八代将軍の姿を、吉宗伝説は時におぼろげに時にあざやかに映し出してくれるのである。

将軍になるまでのドラマチックな半生と伝説が物語る充実した将軍時代。ならば将軍職を退いた後、彼はどのような晩年を過ごしたのだろうか？　残念ながら『御実紀』にも他の史料にも、彼の「それから」について書かれた記事はまれであり、これといったエピソードも見当たらない。吉宗伝説は老いの訪れとともに途切れてしまっているのである。

いや、待ってくれ。毀誉褒貶《きよほうへん》いずれにしろあれほど魅力的な人物が、引退したからといって、老い衰えたからといって、それだけでなんの伝説も逸話も生まなかったとは考えられない。吉宗伝説の続編、「それからの吉宗」を捜し求めて、私は『御実紀』でも随筆類でもない別の史料を取り上げようと思う。

第二幕　史実とドラマの間

吉宗の次男、田安宗武が九代将軍家重に退任勧告

一九九五年のNHK大河ドラマの原作、ジェームス三木著『八代将軍吉宗』に、こんな場面が描かれている。

吉宗が六十二歳で引退し、将軍職を長男家重《いえしげ》に譲って大御所様として西丸《にしのまる》に移ってから三年目の延享四年（一七四七）七月のことである。新将軍家重（三十七歳）の能力を危ぶみ退任を勧告する上申書が、こともあろうに弟（吉宗の次男）の田安宗武《むねたけ》（三十三歳）から提出された。上申書は直ちに大御所のもとに届けられ、読み上げられた。それを「憮然《ぶぜん》と」聞いていた大御所吉宗の顔色はやがて青ざめ、「将軍を補佐すべき宗武が、家重の退任をうんぬんするは、いちじるしくわが意に背くものなり。構えて許し難し」と、宗武に対する怒気をあらわにした。大御所はさらに「将軍は家重なり。

宗武はその家臣なり。君臣の道を踏みはずす不忠者は、身内といえども厳罰に処すべし」（いずれも『八代将軍吉宗』からの引用）と述べ、宗武に処分を下す意向を明らかにする。

弟から暗愚といわれた家重の激昂は、おのずと父親以上だった。「謀叛《むほん》人をこれへ引きずり出せ！　わひがみずから引導をわたいてくれる」（「わひ」「わたいて」は、言語不明瞭だったと伝えられる家重の話ぶりをジェームス三木氏が再現したもの）と逆上し、宗武が病気を理由に召喚に応じないと知るや、「もってのほかじゃ！　いっそ宗武の登城を差止め、蟄居《ちつきょ》を申しつけよ！」。かくして父吉宗によって御三卿の一つ田安家の初代当主にすえられていた宗武は、謹慎を命じられ、将軍や大御所に拝謁することを禁じられたのだった——。

以上が『八代将軍吉宗』の問題の場面である。吉宗の跡を継いで将軍となった家重については生前から最低の評判が流布していた。

生まれつき虚弱なうえ酒色に耽《ふけ》り（一七七九年から長崎のオランダ商館長を務めたティツィングの『日本風俗図誌』によれば、家重は女性に対して異常に強い欲情を持っていたという）、近臣の大岡出雲守忠光《いずものかみただみつ》のほかは何を言っているのか聞き取れないほど発音不明瞭だったと伝えられている。なにしろ、あの『御実紀』でさえ「御多病にて、御言葉さはやかならざりし」と書いているくらいだから、その障害の重さがうかがえるし、芝増上寺に埋葬されていた五人の将軍の遺体を発掘調査した鈴木尚氏も、これを裏付ける証言をしている（『骨が語る日本史』）。すなわち家重の四肢骨から推定される身長は一五六・三センチと当時の庶民の平均身長一五七・一センチより低く、一八〇センチはあったという父吉宗とは比べようもない。それにもまして特徴的なのは歯の著しい咬耗《こうもう》で、これは家重に「異常ともいうべき歯ぎしり」の性癖があったためだという。言語障害と歯ぎしり。鈴木氏は神経内科の専門家の所見として、家重が「精神障害または軽度の脳性小児麻痺」を病んでいた可能性があるという推測を紹介している。

ならば何故、吉宗は家重に将軍職を譲ったのか？　『八代将軍吉宗』に戻ろう。ジェームス三木氏は、吉宗が身体的にも頭脳的にも次男宗武に格段劣る家重をあえて後継者とした理由を、長男次男の序列を重視したことと、成長めざましい孫の家治《いえはる》（家重の長男で後の十代将軍）への期待に求めている。いずれは家治が立派な将軍になってくれるだろう、それまではとりあえず家重でかまわないと考えていたというのである。

才気煥発な弟と暗愚な兄の間に深い感情的対立が生まれ、老いた父親の熟慮と苦慮にもかかわらず、やがて弟の〝反乱〟というかたちをとって激しく表面化してしまう——。

さして起伏に富んでいたとは思えない吉宗の晩年において、この場面はたしかに最もドラマチックな所かもしれない。小説家にとっては読ませ所であり、俳優にとっても演じ所。おのずと吉宗を扱った他の作品でも取り上げられている。たとえば徳永真一郎『徳川吉宗』を開いてみよう。ここでもまた、「宗武を登城停止処分にした家重将軍の背後に、大御所たる吉宗の、にが虫を嚙みつぶしたような渋面が、目に見えるようだ」と書かれている。

大御所吉宗が宗武に激怒した、は本当か？

兄家重を表立って批判した宗武と、その行動を激しく叱咤《しった》した大御所吉宗。ところでこの話、はたして史実なのだろうか？　ジェームス三木氏にしろ徳永真一郎氏にしろ十分な文献調査のうえ小説化したにちがいないが、意外なことにこの話は、歴史学の世界では長らく史実と認められていなかったようである。

大正五年（一九一六）に刊行された龍居松之助『江戸時代史・下巻』は、家重が「病弱且つ暗愚なる人物」で宗武は「才智もあり学問を好み……」と対比しながら、宗武の上申書提出には触れていないし、当然吉宗の激怒や宗武に対する処分のことも書いていない。昭和三十三年（一九五八）刊の辻達也『徳川吉宗』も同じ。ただこちらには、吉宗が引退して間もなき延享二年（一七四五）十月に老中松平乗邑《のりさと》が突然解任された謎に触れ、『続三王外記《ぞくさんのうがいき》』という史料に、乗邑が宗武を将軍にしようとして失敗したことが記されている事実を紹介している。どうやら吉宗激怒の場面の出典の一つは、この史料らしい。

『続三王外記』は、館林藩士石井蠡《れい》（一七三八―一八一二）の著。幕府の裏話が記されていて興味深い内容の書だが、従来その記述については信憑性が低い（史料として使えない）と見なされてきた。したがっていくら宗武謹慎のことが具体的に述べられていても、歴史学者たちは、それを鵜呑みにするわけにはいかなかったのだろう。さて、となると問題の場面は、結局のところ史実かどうか判定のつかない風聞にすぎなかったのか……。

ところが近年になって、やはり辻達也氏によって、この事件の真偽をめぐる新しい見解が発表された。氏の論文「田安宗武の籠居と松平乗邑の失脚」（同『江戸幕府政治史研究』所収）によってその大概《たいがい》をたどってみよう。

――『御実紀』の記事で宗武の籠居《ろうきょ》（謹慎処分）をうかがわせるのは、寛延二年（一七四九）五月四日の条に、卯年（一七四七年）から病気で出仕しなかった「右衛門《うえもんの》督《かみ》宗武卿」が出仕したと記されたただ一箇所だけで、宗武が家重を批判して謹慎を命じられたことなどまったく書かれていない。一方『続三王外記』などには、宗武が父の不審をかって謹慎処分になったと記されている。宗武が長らく姿を見せなかったのは「謹慎であったのか、病気の故か」、真相はいかに。

　辻氏が新たに紹介しているのは、一橋宗尹《むねただ》（宗武の弟。三卿の一つ一橋家の初代）の曾孫にあたる松平春嶽《しゅんがく》が著した『閑窓秉筆《かんそうへいひつ》』と一橋宗尹の編年記録である『覚了院実録』の二点。成立年代は下るものの、前者には宗武が不興をかって（「公儀の御不興を蒙らせられ」）三年間の謹慎を命じられたと明記され、また史料として最も信頼がおける後者でも、延享四年（一七四七）十月以降は宗武登城の記事が跡絶え、謹慎が始まったことをうかがわせるという。つまり『続三王外記』の記事は、これら一橋家系統の史料によって傍証されるというのである。「このように見て来ると、少くとも田安宗武籠居に関する記事については、『続三王外記』はかなり信憑性が高いといい得る」というのだ。

　田安宗武が将軍批判の上申書を作成し、その結果三年間にわたる籠居（謹慎）を命じられた——。どうやらこのことは史実であるらしい。『八代将軍吉宗』の読ませ所は、眉唾物《まゆつばもの》でも小説家の創作でもなかったのである。

とりあえず問題は解決したというべきか。いや、重大な疑問点がもう一つ残されている。それは、宗武の行動に将軍家重のみならず大御所吉宗までが激怒したかどうかという点だ。『続三王外記』等では、大御所も怒った、あるいは大御所が率先して怒気をあらわにしたと書かれていた。ところが松平春嶽の『閑窓秉筆』では激怒したのは「公儀」すなわち将軍とされ、大御所の怒りには言及されていないし、それどころか宗武は大御所と相談のうえこのような行動に出たという説が紹介されている。『覚了院実録』にも大御所の反応は記されていないようである。さて、宗武の行動に激怒し処分を下したのは、家重か吉宗か。それとも二人の呼吸がぴたりと合った結果だったのか。謎は解けないままだ。

貴重な記録、『吉宗公御一代記』はなぜ注目されなかったか

千代田区北の丸公園にある国立公文書館に『吉宗公御一代記』と題する史料が所蔵されている。全六十四冊で著者未詳。第一冊目に「巻三拾一」、最終の六十四冊目に「巻百四拾五」とある。内容は、延享四年（一七四七）の正月元旦から寛延三年（一七五〇）十二月十五日にわたって綴られた、大御所吉宗の側近の日々の記録にほかな

らない。

第一冊目が巻三十一ということは、この記録、本来は吉宗が将軍職を退き大御所として西丸へ移った延享二年（一七四五）の九月に書き始められたのかもしれない。最終冊（巻百四十五）以降についても同様の推測が可能である。吉宗が六十八歳で没したのは、寛延四年（一七五一）六月だから、『吉宗公御一代記』にも十冊から二十冊の続きがあったのではないだろうか。現存する巻三十一と巻百四十五の間にも失われた巻がすくなくない。欠巻は全部で五十一巻。一冊に収められている記事は、まれに二十日分以上のこともあれば五日未満の場合もあるが、平均すれば十日分前後といったところか。欠巻の多い不完全な史料であるが、同時にきわめて密度の高い記録なのである。

興味深い記録。にもかかわらず、なぜかこの史料は歴史研究者たちによって注目され、精読されたことはなかったようだ。はやくから目録に登載され二十歳以上の人なら誰でも自由に閲覧できる史料でありながら、である。かつて某博物館で開催された徳川吉宗展に出品されたが、その展示目録でも、ただ近臣の記録と解説されただけで、内容の詳細には触れられていない。どうして？　六十四冊と分量が多いことや文字が判読しにくいことも理由の一つかもしれない。記述が吉宗の大御所時代に限られ、いわゆる享保の改革の政治過程と無縁である点も、研究者を遠ざけた理由だろう。さらに『吉宗公御一代記』というありふれた表題も、どうせ名君を顕彰しただけの無味乾燥な書物だろうと研究者たちに〝たかをくくらせた〟のではないだろうか。

吉宗、脳卒中により半身麻痺と言語障害に

それにしても、この〝埋もれていた史料〟について、なぜ長々と話を聞かされなければならないのかとご不満の読者も多いと思う。能書きはここまで。『吉宗公御一代記』第六冊目、巻三十六を開いてみよう。この巻は一冊丸ごと延享四年（一七四七）三月一日の「大御所様御床揚《おとこあげ》御祝儀一件」（吉宗の病気快復祝い）の記事で埋められている。隠居の翌年、延享三年（一七四六）十一月に「中風（脳卒中）」で倒れ、一時はかなり危険な状態だったが、その後なんとか快復し、この日めでたく快気祝いが執り行われるはこびとなったのである。

「めでたく」といっても、吉宗の身体にはもはや将軍時代の周囲を圧倒する頑健さなどすこしも残っていなかった。『吉宗公御一代記』の著書は、六十四歳の大御所の健康状態をこう記している（史料の記述は、読みやすいよう適宜表記を改めた。以下同）。

去年より中風御煩にて御大病に御座なられ候処、段々御快、未《いま》だ御言舌御もとおり兼、御右の方御手足御不叶也《かなわざるなり》。

大御所様の病状は快方に向かっているが、まだ言葉は不明瞭で、右の手足が不自由な状態である――。半身麻痺と言語障害は「中風」の典型的な後遺症だろう。

右半身麻痺で独力では食事も歩行もままならなかったが、そこは大御所様のこと、小姓その他介護のスタッフに事欠かなかったからなんとかなったとして、お側の人々にとって（もちろん大御所本人にとってもだが）最大の問題は、大御所の言葉が聞き取れず「御意《ぎょい》」が容易に理解できないことだった。ならば人々はどのように大御所の意思を察したのか？　快気祝い後まもない延享四年三月二十日の記事は、その様子をいきいきと伝えている。

大御所様御前へ小笠原石見守召し、小堀土佐守・水上《みずかみ》美濃守も一所に出候処、御意遊ばされ候へども、得《とく》と御分り遊ばされず候。何とやら御鷹野筋の様に存候に付、石見守申上候は「御鷹野の儀にて御座候や」（と）申上候へば、「其事《そのこと》じゃ」と上意に付……。（「・」は氏家が補う）

大御所様の御前に小笠原石見守が呼ばれ、石見守は同役の小堀土佐守、水上美濃守（三人とも役職は大御所付きの御側衆《おそばしゅう》）と一緒に参上した。なにやら御意があったが、さて、何を言っているのか誰も聞き取れない。それでも注意して耳を傾けたところ、どうやら鷹狩りに関する内容らしいので、石見守が「鷹狩りの件ですか？」と聞き返すと、大御所様は「その事じゃ」とおっしゃった——。

日頃お側に仕える側近たちが懸命に聞き取ろうとしてもなお、大御所の言葉が容易に理解できなかった様子がうかがえる。このような状態はその後も続いた。

大御所の宗武一喝はウソ、を立証する決定的記述

三年後の寛延三年（一七五〇）二月十五日の記事に「この間から大御所様はかれこれおっしゃっているが、お言葉が聞き取れない」（原文は「此間中大御所様彼是御意これ有り候へども御分り遊ばされず」）とあるのを見ても、それは明らかだろう。この日の記事は続いて「小姓たちがいろいろ申し上げたが、御意を言い当てられなかった」（「御小性衆色々と申上候へども其儀に有らず候」）とも記している。大御所と側近や小姓たちとのコミュニケーションは、発音不明瞭な言葉の内容をさまざまに憶測

して申し上げ、それに対して大御所が短い言葉や身振りで当否を示す方法で行われていたらしい。

「言葉出兼ドモリ候ようなる」大御所吉宗が発した言葉といえば、「其ことじや」のほか、「いやいや」「其事でもない」（否定）、「しれたこと」（当然だ）、「それさ、それさ」（肯定）、「どうして、どうして」（疑問）、あるいは「さあ、さあ」（督促）といったごく短いものばかり。将軍家重が病気がちで発音不明瞭だったことはつとに知られているが、この時期、大御所吉宗もまた中風で言葉に重い障害を抱えていたのだ。

してみると、いくら宗武の行動に激昂したとはいえ、小説に書かれているように「将軍を補佐すべき宗武が、家重の退任をうんぬんするは、いちじるしく……」と滔々《とうとう》と語ったとは考えられない。

宗武の謹慎一件について、『吉宗公御一代記』にはさらに決定的な記述が見られる。同書によれば、大御所吉宗が宗武の行動に怒るも怒らないも、吉宗はそもそも宗武が上申書を出した事実そのものを知らされていなかったというのである。

延享四年（一七四七）八月一日の記事を見てみよう。この日の昼過ぎ、本丸に呼ばれた「西丸老中」の西尾隠岐守と「大御所様付御側衆」小笠原石見守は、老中堀田相模守から「右衛門督殿」（宗武のこと）が公方様（家重）の思し召しにかなわずお叱りを受けた事実を知らされた。さらに、右衛門督殿は登城差し止めとなったから、今後は朝のご機嫌伺いとして田安家から西丸に参上していた近習番も来なくなるだろうとも告げられた。このとき、堀田は大御所様付きの二人に「病気の大御所様には、心配させてお身体の障りになるかも知れないから、この事を申し上げないように」言い含めたのだった（原文は「大御所様御病気に付、御聞き遊ばされ候ては御苦労これ有るべきに付き、御沙汰致すまじき旨申《もうしき》聞けらる」）。当日、本丸の御用部屋で二人が堀田から受け取った書付（文書）の内容を意訳すれば、

> 右衛門督殿（宗武）は、意成院（祈禱者）など得体の知れない人物と幕政の得失や幕閣の善し悪しを論じ合っている。加えてご自分の処遇についてまで。これらの事が内々で公方様（家重）のお耳に入った。まったく立場を考えない右衛門督殿の言動である。本当に公方様や幕府のためを思うのなら、老中に意見を申し述べるのが筋であるのに、このように陰で御政道を批判するのはいかがなものか。本来ならば重い処分を下すべきところだが、大御所様の体調いまだすぐれず、ご兄弟の不和が深刻化して右衛門督殿が罰せられたと知ったら、さぞご心配なさるだろうと、重い処分を避けた。しかしながら公方様は右衛門督殿とご対面なさら

ないということである。

重い処分は行わないが公方様と（そして大御所様とも）対面を許さない。しかしこの件に関しては一切大御所様の耳に入れてはいけない――。西丸の重臣に対して、本丸からこう指令が下された。繰り返そう。激怒するもしないも、中風を病んでいた大御所吉宗は、宗武謹慎の事実すら知らなかったのである。

“歌人”宗武の恐るべき政治的野心

ところで八月一日の条には、「私曰」（私《ひそ》かに言う）と断って、『吉宗公御一代記』の著書のコメントが添えられている。それは著書が誰であったかを解きあかす糸口であると同時に、右衛門督こと田安宗武の知られざる横顔を照らし出す史料としても貴重だ。著者が誰であるかはすぐ後で明らかにするとして、とりあえずそのさわりの箇所を意訳で紹介してみよう。

右衛門督様は無益な事に執着される生まれつきで（「御生得何の益も無き事に世話なされ」）、中国の故事など日本に当てはまらない事や現代に通用しない故実を引用したがる性癖がある。

延享四年（一七四七）六月十八日、大御所へのご機嫌伺いに西丸に参上した右衛門督が、「石見守近く参れ」と側に呼び、次のように語ったとも。

公方様は大御所様と違って病弱な身体。しかるに二年前に将軍職に就いて以来、政務が大変で健康にもよろしくないと思われる（「御政務取り扱われ遊ばされ候事御大儀、其上御養生にも相成らず候」）。そこで、中国にも例のあることだが、この際、御三家や松平加賀守（前田重熙《しげひろ》。加賀藩主）が毎度登城して、老中たちと相談で政務を執ることにしたらどうだろう。あるいは一橋殿や私にその役を仰せ付けられてもいいと思う。

なんと宗武は、兄家重を事実上引退させ、御三家と加賀藩主そして自分や弟の一橋宗尹の協議で幕政を運営する構想を漏らしたのである。

さて、謀叛とも言われかねない構想をこっそり打ち明けられて、小笠原石見守がどう応えたかというと、そのような企てはお慎みください（「此儀は御無用と存じ奉り候」）。もしこの事が漏れたら、お前様が公方様に取って代わろうとしているという噂が広がってしまうでしょう（「公方様に御立ち替わりなされたき様に取沙汰候ては、いかゞと存じ奉り候」）。

「私曰」として書かれた記事の中には、ほかに田安家の女中の不義の噂など興味深い話題も含まれているが、ここではすべて割愛させていただく。「役職を持たない余裕ある生活の中で（中略）自らかなりの量質を備えた国学研究を試みるとともに、和歌の創作および歌論にもすぐれた業績を示した」（岩波書店『日本古典文学大辞典』）とその生涯を要約される〝歌人〟田安宗武が、かくもあからさまに政治的野心を燃え立たせた時期があった事実を嚙みしめながら、先に進むことにしよう。なにしろ私は、まだこの希有な史料の著者の名すら明かしていないのだ。

『吉宗公御一代記』の著者、小笠原石見守

名を明かしていないといっても、答はすでに出たも同じかもしれない。『吉宗公御一代記』の著者が、田安宗武に呼ばれて新しい政権構想を打ち明けられた小笠原石見守であることは誰でも容易に察しがつくだろう。あのような内容の話を「私曰」として記録できるのは本人以外には考えられないし、『吉宗公御一代記』を読みすすむと、ほかにも石見守ならでは、という記事にしばしば出会うからだ。

寛延二年（一七四九）九月に石見守が大御所から自筆の龍の絵を拝領した際の記事もその一つ。大切な絵を感激して屋敷に持ち帰った石見守は、新しく拵えた床の間に吉宗の絵を掛け、親族知人を招いて拝見の会を催している。『吉宗公御一代記』にはその座席図まで描かれているが、これなど著者が石見守でなければ考えられない。

さらなる証拠は、筆跡である。国立公文書館には、別に『享保日光御参記』という標題の史料が保存されている。享保十三年（一七二八）に将軍吉宗が日光に参詣したときの記録で、著者は参詣一行に加わった小笠原石見守その人。『吉宗公御一代記』より二十年ほど前の著述だが、その筆跡が『吉宗公御一代記』のそれと酷似しているのである。もはや疑いの余地はない。

小笠原石見守政登《まさなり》（一六八五―一七六九）の履歴をたどっておこう。吉宗がまだ紀州藩主だった頃から小姓として仕えていた彼は、吉宗の将軍就任にともなって江戸城へ。小姓、新番頭、小姓組番頭を経て享保二十年（一七三五）に御側となり、千石加増されて知行は計二千五百石。翌年三月に御側御用取次《おそばごようとりつぎ》を拝命。延享二年（一七四五）九月、吉宗の引退にともなって共に西丸に移り、大御所様付御側衆を務めた。寛延元年（一七四八）六月に三千石加増され（計五千五百石）、吉宗の没後は職務を解かれたが、宝暦八年（一七五八）十二月に七十四歳で引退するまで現役の旗本を通した。明和六年（一七六九）九月没。享年八十五。

　履歴のうち「御側御用取次」という役職は、吉宗が「将軍専制体制確立のため、五代将軍綱吉以来の側用人に代わって享保改革期に新設した最重要の将軍側近役」で、「主として家禄二、三〇〇〇石未満の中・下級幕臣の出身者で、若年から将軍の側近コースを経てきた将軍の側近中の側近が、将軍の意向をうけて就任」（深井雅海『徳川将軍政治権力の研究』）したという。

　伝説中の一話を思い出してほしい。小姓時代に彼は、猛進する猪から吉宗の身を守ろうとして馬もろとも突きとばされ、危ういところを吉宗によって救われている。命の恩人だった主君が大御所として西丸に移ってからも、彼は大御所様付御側衆の一人として主君に近侍し続けた。年は吉宗より一つ下。年齢の近さは、長年の主従関係と相まって、二人の絆をより強いものにしていたにちがいない。

『吉宗公御一代記』は、そんな側近中の側近だった小笠原石見守政登が六十三歳から六十六歳までの間に著した、随所に私見をまじえた公務日誌なのである。

第三幕　介護とリハビリの日々

医師団が大御所にマッサージや鍼灸

小笠原石見守の日々の記録は、たんに政治史料として貴重なだけではない。それは晩年の吉宗を克明に照らし出すほとんど唯一の記録でもある。以下、この他に得難い記録によって、大御所吉宗の介護とリハビリの様子を具体的に見ることにしよう。まずは日々の治療に当たった医師団の活動から。

西丸奥医師として大御所担当の医師を務めていたのは、数原《すはら》通玄、望月三英、栗本瑞見、井上俊良の四人。延享四年（一七四七）当時の年齢は、それぞれ五十九歳、五十一歳、四十九歳、四十九歳で、まずは脂の乗り切った熟練の医療スタッフといっていいだろう。

四人は、一日おきに二人ずつ当直して大御所の健康管理に当たることになっていたが、延享四年四月、栗本瑞見が妻の出産にともなう「産穢《さんえ》」で登城しなかった期間に、一人ずつ当直するように改められ、栗本復帰後も同様の態勢がとられた。すなわち四日に一度当直医を務めたわけだが、「御匙《おさじ》」(大御所の侍医)の井上は例外で、彼は非番の日でも毎日出勤した。ちなみに、その功労が認められ、井上は寛延元年(一七四八)十二月、法印に叙されている。延享四年七月から、西丸奥医師のメンバーに多紀安元が加わった。時に五十三歳。のちに医学館を開設して後進の医学教育に努めた名医である。同年八月一日の条に、石見守は、安元が大御所様を「御さすり」(マッサージ)申し上げたところ、たいそう心地よく、大御所様は夜中も昼も安元に「御さすり」を仰せ付けられたと記している。

これら西丸の医師のほか、将軍が住む本丸からも医師が出張して適宜大御所の治療を行った。たとえば本丸奥医師の前川玄徳は「御さすり」や「御針治」(鍼治療)のたびに西丸を訪れたし、同じく本丸奥医師の内田玄寿も、大御所を診察したとして前川玄徳ともども時服を拝領している。

医師たちは、大御所の脈を診て鍼灸を施したりマッサージを行ったりとさまざまだったが、もちろん時々の容態に応じて適当な薬を差し上げるのも重要な仕事だった。

延享四年(一七四七)正月十七日の記事に「大御所様御煎湯六君子湯に候処、明日より甫中益気湯上ぐべき候旨医師衆相談極り候に付、其段序に藪主計頭・大岡出雲守へ石見守申達之《もうしたっす》」とあるのは、医師たちが相談して大御所に差し上げる煎じ薬を六《りっ》君子《くんし》湯《とう》（人参、朮《じゅつ》、茯苓《ぶくりょう》、半夏《はんげ》、陳皮《ちんぴ》ほかを調合した漢方薬）から補中益気湯（黄《こう》耆《き》、炙甘草、人参ほか）に替えたことを、石見守から家重の側近の薮主計頭と大岡出雲守に報告したというもの。二月十二日に大御所がのぼせ気味（「御昇御気味合これ有」）なので人参湯の服用をしばらく見合せたり、四月五日、言葉の障害（「言葉の出兼ドモリ候様成」）を改善するために香砂《こうしゃ》六君子湯（人参、大棗《たいそう》、白朮、生姜ほかを調合）から加味六君子湯に変更したのも、医師たちの判断だった。

薬湯を飲まない大御所に「御薬酒」を進呈したが……

どんな薬を与えるか医師たちが判断するのが当たり前じゃないか、と思う読者も多いはずだ。ところが患者が大御所様ともなると、ことはそれほど単純ではない。西丸の医師たちは、本丸の意向すなわち将軍家重とその取り巻きの判断に縛られていた。同じ年の三月二十日、薮と大岡は石見守に次のような〝大御所様看病心得〟を申し渡している。

①大御所様の養生（健康）に良くないと思われることは、たとえそれが大御所様

の希望であっても、なんとか止めさせるように。
②すでに「御床揚」（快気祝い）は済んでいるが、公方様は、大御所様はまだ「御病中」と理解していらっしゃる。貴殿たちも同様に心得ていなければならない。
③世間の人々だって大御所様が全快したとは思っていない。だから（看病がおろそかになると）公方様のご油断と批判されるのではないかと、公方様は心配しておられる。
④健康に良いと思われることは、内々なら（「御内証にては」）どのようなことでも試みて構わない。しかし表立ってはいかがと思われるならば、貴殿たちで適当に取り計らうように。

最後に挙げられた、表沙汰にしてはまずい治療法・健康法というのが、具体的になにを想定していたのか、さだかでない。注目したいのは③である。原文は「世上にて全快とは存じ奉るまじく候。さ候へば、所々より公方様御油断の様にも評判も仕るべき事に思し召し候」。ただでさえ将軍としての能力に疑問を抱かれていた家重だけに、大御所の健康に万全の配慮をしている姿を世間に見せようとする姿勢がうかがえる。加えて弟の田安宗武との深い確執を考えれば……。家重は（というか大岡出雲守ほか家重を取り巻く本丸のスタッフたちは）、歴代の他の将軍以上に大御所の健康状態に神経を尖らせていたのであろう。

延享四年（一七四七）正月、西丸の医師団は「薬酒」を大御所に差し上げるべきかどうかをめぐって、本丸からクレームを付けられている。話はこうだ。後遺症はあるものの、とりあえず危険な状態を脱した大御所は、毎日薬湯《やくとう》（煎じ薬）を服用していたが、とても美味しいとはいえない薬を大御所はしばしば残すようになっていた。そこで侍医の井上俊良が思いついたのが、薬を二、三日浸してエキスがしみ出た酒を「御薬酒」と称して差し上げるという方法である。これなら酒好きの大御所は召し上がるにちがいないし、気の巡りを良くする効果も期待できると考えた。はたして大御所は喜んで酒、いや薬酒を飲むようになったが、そもそも飲酒が病の原因の一つと見なしていた将軍サイドはこの処方に難色を示したのである。結局石見守が間に入って調整し、薬酒の量を盃一杯程度に止めることで一件落着となっている。

大御所は食事、排便、入浴、理髪をどうこなしたか

医学的なケアとは別に、起居不自由な大御所吉宗を日々支えたもう一つの力は、西丸の小姓たちだった。右半身麻痺で言葉に障害が残った吉宗が一番困難を感じたのは

食事のとき。延享四年九月一日、「生身玉《いきみたま》御祝儀」の日に家重が西丸に参上して会食をするに当たって、本丸の指示で（「公方様思召にて」）大御所の給仕を務める小姓が三名指名されているが、うち一名は「御箸を上候御小性」すなわち自分では箸が使えない大御所のために箸を口に運ぶ専属の小姓だったという。「御箸上」の小姓は、翌年の生身玉御祝儀の際にさらに一名増員された。

ちなみに小姓といっても、彼らは前髪の少年たちではない。寛延元年（一七四八）九月一日の会食で給仕を務めたのは、宮城越前守和忠《まさただ》（四十五歳）、矢部左衛門督正虎《まさとら》（四十歳）、礒野丹波守政武《まさたけ》（三十二歳）、岩本帯刀正久《まさひさ》（二十八歳）で、いずれも本丸で小姓を務め三年前に西丸に異動してきた経験豊かな人々だった。

不自由なのは、食事のときだけではない。大御所は、大小便に行くのさえ一人ではままならなかった。延享五年（一七四八）三月十四日、石見守は「大御所様、御小用に成らせられ候ても御空座」と書き、「御空座」に「御通じこれ無き事也」と注記している。厠《かわや》へいらっしゃったが小便が出ないまま帰ってこられたというのだろう。これまた中風の後遺症か。排泄障害があるかと思えば、「御大便少々御ゆるみ」といった記事も見られる。排便にも周囲の人々は細心の注意を払わなければならなかった。

大御所は身体が不自由なのにもかかわらず、リハビリと「延気」（気分転換）を兼ねて盛んに城外に出かけたがったが、何処へ行くにもついて回るのはトイレの心配。延享五年四月、石見守は、本所方面へ舟で遊ぶに当たって、御座船にきちんとしたトイレがないと出かけられないと御舟奉行兼務の駒井能登守に申し入れている。御座船でも大型のものは問題がないのだが折悪しく修理中。小型船には大御所様の「御小用御大用所」（大小便所）を増設する十分なスペースがないとこぼしているのだ。

食事と排便と来れば、次は入浴である。病後の吉宗の入浴がどのように行われたのか、具体的な記録がないのでさだかでない。わずかに寛延三年（一七五〇）八月十七日、「御湯持ち運び致し候」奥坊主たちにご褒美が下された記事が見える。従来の湯殿（浴室）が遠いので新たに湯殿を普請したが、その完成まで御小座敷の広縁に簡易浴室を設けたらしい。この簡易浴室に湯を運んだ奥坊主たちに、衣服も濡れご苦労だったからとご褒美を与えたのである。

理髪にも触れておこう。大御所の月額《さかやき》を剃るのは以前は奥坊主の役目だったが、病後は小姓が務めるようになった。寛延三年九月二十七日、石見守は看病の小姓が人手不足なので、小納戸の中から小姓に採用する四名を推薦しているが、その一人、土屋多門正長（三十一歳）の推薦理由も、「多門は髪月額能《よ》く致し候間」（多門は理髪の技術に長けているから）というものだった（結局多門は、大御所の意にかなわず採用されなかった）。

大御所にとって、小姓たちは歩行の際の不可欠なパートナーでもあった。寛延元年（一七四八）十二月十日、小姓たち十名にご褒美を下されるよう大御所に申し上げた際に、石見守は、小姓による歩行の介助を数え上げている。原文は「御歩行の内は御右の方へ付き、御帯を左の手にて持ち、御右の御手を右手に持ち奉り……」。すなわち、大御所の右側に寄り添い、左の手で大御所の帯をつかみ、右手で大御所の麻痺した右手を捧げ持ちながら一緒に歩む、というのである。「御大小便の節同断」とあるから、座敷や庭を歩くときのみならず、排便の際にもこのように小姓が寄り添って用を足したのであろう。

食事、入浴、歩行等の介助から理髪まで。小姓たちの看病・介護の仕事はさまざまだった。大御所専属の小姓は「一番頬《がわ》」「二番頬」の二組あって、それぞれ十名、九名（寛延三年）とすくなくなかったが、介護する相手が相手だけに細心の注意が求められた。

では、そんな彼らに一体どれくらいの額のご褒美（特別手当て）が下されたのだろうか？『吉宗公御一代記』によれば、寛延元年に支給された額は、「御介抱」（介護役）と「御箸上」の小姓にそれぞれ金三十両ずつで、ほかに「介役《すけやく》」（補助要員）の小姓にも金五両ずつ支給されたという。翌年はご褒美は下されなかったが、寛延三年にも、介護の本役に金二十両、介役に金十両が支給されている。一両を（かなり大雑把だが仮に）十万円とすれば、介護担当者一人につき二百万から三百万円、その補助要員にも五十万から百万円の特別手当てが支給された計算になる。将軍職を退いたとはいえ権力の頂点にあった大御所吉宗だけに、その介護に費やされた金額も一通りではなかったといえよう。

大御所の昇り降りのためのバリアフリー

介護と治療に注ぎ込まれた多数の人員と多額の費用。それだけではない。吉宗には医師や小姓たちにもまして信頼できる介護役が付いていた。小笠原石見守政登その人である。

石見守は先祖は医師の家で（「もと根来山派の医より出し家」『有徳院殿御実紀附録』）家伝薬「熱湯散」の製法を吉宗に伝授するほど、薬学と医学に通じていた。おのずと彼の役割は、たんなる御側衆という役職の権限に止まらない。彼は、医師団の診断や施薬をチェックするばかりか、しばしば指導的な役割すら演じている。たとえば延享四年（一七四七）八月二十三日、医師団に対して以後は中風専用の薬を差し上げるよう申しつけているし、翌年二月六日には、人参の分量が多いのではのぼせ気味であるからしばらく薬を中断するよう医師たちに指示するという具合だ。

なにしろ小姓時代に幕府の薬園御用を務めた経験もある石見守は、日光で栽培された和製の朝鮮人参を、城内では多忙で時間がとれないと自宅に持ち帰って薬品化するくらい本格的な薬学知識の持ち主だったから、医師たちも素直に彼の指導に従ったのだろう。

薬といえば、寛延三年（一七五〇）十一月、石見守は、獺《かわうそ》の黒焼きが中風に良く効くというので鳥見《とりみ》組頭（鳥見は、鷹場を巡回して鳥の所在を調査する役人）に命じて、獺を調達させている。獺一匹に金一両の賞金を付けたところ、鹿島新田村（現・足立区）で罠に掛かった獺が差し上げられ、石見守はさっそく黒焼きにして城内の御薬部屋に保存したという。

医師たちと協力して大御所の治療をはかると同時に、石見守は、医師や小姓たちにはできない役割も演じている。延享五年（一七四八）五月、朝鮮の使節が江戸城に参上したときにも、彼ならではの心配りが見られた。朝鮮使節の随員が城内で曲馬（馬の曲乗り）を披露するのを、馬好きの大御所はご覧になりたがった。しかし「上覧所」（見物席）は二階にあって、その昇り降りは半身麻痺の大御所には不可能。すると石見守は、上覧所まで「だらだらはし」（ゆるいスロープ）を渡し、さらにスロープに滑り止めの横木を付設した（原文は「御足留り候さん打ち候」）という。〝障害者〟吉宗のためにバリアフリーの工夫を凝らしたのである。

かくも細心の介護を心がけた石見守だったからこそ、大御所も、彼の忠告には耳を傾けずにはいられなかった。一例を挙げよう。延享四年二月十六日、ぜひ江戸城の周りを散策したいという大御所に対して、御側衆の小堀土佐守や小姓たちは、まだ寒いのでもう少し後になさったら……と申し上げたが、大御所はなかなか承知しない（「中々御聞き入れ遊ばされず」）。そこで石見守が登場。せっかくここまで快復なさったのに風に当たってお身体を損なったら元も子もありませんと土佐守を通して申し上げると、さすがの大御所も「御得心遊ばされ候」（外出を思い止まった）というのである。石見守の力や大なるかな。大御所吉宗の治療と介護の日々は、小笠原石見守政登を中心に回っていたといっても過言ではない。

汁飴、キノコ、イチゴ……大御所快復のために石見守大奔走

石見守は、医療や介護ととりあえず無関係な食の面でも、大いに奉仕している。『吉宗公御一代記』には食べ物・嗜好品の記事がたびたび出てくるが、そのほとんどが石

見守から大御所に献上された例なのである。

まずは延享五年（一七四八）の例から。この年の二月二十三日、石見守は松平筑前守と小笠原右近将監《うこんのしょうげん》それぞれの屋敷から取り寄せた「しるあめ」を大御所に差し上げた。「しるあめ」は汁飴で水飴と同じ。前にも触れたように吉宗は酒好きにもかかわらず甘党だったから、石見守が汁飴を差し上げても不思議はない。それにしても、なんでまた他家から取り寄せてまで献上しなければならなかったのだろうか？ 理由はこうである。大御所が好物だというので西丸で菓子屋から汁飴を取り寄せたところ、どうも甘味が十分でない（原文は「甘味宜しからざる由」）。そう聞いた石見守が思いついたのが、以前松平筑前守と小笠原右近将監から贈られた汁飴がとても良質だったこと。彼はさっそく両家の留守居役《るすいやく》に連絡し、甘味十分の汁飴を取り寄せて大御所へ差し上げたというのだ。さて、その汁飴を賞味した大御所の反応はといえば……。『吉宗公御一代記』には「殊の外御意に入り候也」と記されている。石見守の機転で大御所様は大満足というわけだ。

大御所の食に関する石見守の機転は、寛延三年（一七五〇）九月十九日にも存分に発揮された。この日、「御八百屋」（江戸城ご用達の八百屋か）には「松露《しょうろ》」も「〆治」（シメジ）も入荷していなかった。ところがこれらキノコ類は大御所の好物だった。

ぜひとも大御所の御膳のメニューに加えたいと思った彼は、家来を青物（野菜）市場のある神田へ走らせ、当日の朝入荷したばかりの松露とシメジを手に入れ、西丸の御膳番に、その日の晩と翌日の御膳に一種ずつ料理して出すよう指示しているのである。

主君に美味しい物を食べさせるためならどんな労もいとわない石見守だったから、自分の領地で収穫した楊梅《ようばい》（山桃）や屋敷の庭でなった大和柿とイチゴを差し上げたのはいわずもがな。寛延元年（一七四八）十一月三日には、古郡孫太夫から貰った「大甘鯛の披《ひら》キ」を大御所の好物だからと差し上げているし、同じ年の十二月八日にも、紀州から取り寄せた「中ノ島大根」のうち上物三十五本を大御所に献上している。

花より団子？　いや、石見守は花だって持って来ている。寛延元年九月二十九日、三男小笠原右膳《うぜん》の屋敷の梅の花がよく咲いたといって西丸に持参しているし、同三年九月四日にも、大番頭の中根大隅守から大御所様にご覧に入れたいと三種の寒牡丹を託されるという具合だ。石見守は華道の心得もあったようで、寛延二年（一七四九）八月十九日、彼は大御所が江戸城内山里のお茶屋で御膳を召し上がるというので、みずから座敷に花を立てている。食べ物といい花といい、大御所の心を慰めるために、わずか一歳年下の老側近は、まさに八面六臂《はちめんろっぴ》の働きをしているのである。

大御所全快を願い多彩な呪術を執行

病んだ大御所に仕える石見守には、もう一つ重要な仕事があった。大御所の病を神仏の力で治癒してもらおうとする「御祈禱」がらみの仕事である。大山（現神奈川県の大山阿夫利《おおやまあふり》神社）に代参の者を派遣して祈禱させた石見守は、上野大師にも毎月護摩《ごま》を焚くよう申し付けている。上野はともかく、大山の場合は遠隔地なので代参者が手配できないこともあり、寛延三年（一七五〇）七月には、ある町人に旅費を払って代参を頼んでいる。町人の名は喜兵衛。以前から大山参りをしている「軽き」（身上《しんしょう》の軽い）町人で、どうやら石見守の屋敷に出入りしていたらしい。大御所の病気快復を願う祈禱は、公務とはいえ、石見守の個人的な裁量に委ねられた部分がすくなかった。

吉宗にしても石見守にしても、その医学・薬学の知識の中には、怪しいものがまま見られる。吉宗は鹿と兎の血を主成分とする「二血丸」という自家製薬が自慢だったが、はたしてどれほどの薬効があったか疑わしいし、石見守が中風の特効薬として用いた獺の黒焼きにしても、現代医学のお墨付きは得られないだろう。当時は相当の科学者・知識人たちでも狐狸が人を化かすと信じて疑わなかったから、二人がとりわけ非科学的だったとはいえない。ともあれ病気治癒の呪術に対する信仰は、世間並みに持っていたようだ。大御所様の病気全快のために神仏のご加護を！

おのずと石見守のもとには、さまざまな祈禱者の情報が寄せられた。うちいくつかを紹介しよう。寛延元年（一七四八）八月、会津藩主松平肥後守の江戸藩邸に、領内西光寺の「不思議成る霊験あらた成る」地蔵菩薩の一体が運び込まれ、谷中《やなか》の寺でこっそり（「内証にて」）開帳していたという。噂を聞いた石見守は、家来を派遣して大御所のために祈禱をするよう手配し、祈禱は八月十七日に行われた。祈禱料は銀三枚。二十二日の晩に石見守の屋敷を訪れた西光寺は、「御快病成り候はん」（これで全快なさるでしょう）と太鼓判を押し、翌日西光寺が持参した御札は、大御所の御休息の間の袋棚に納められた。

翌年の正月には、水戸藩領の橋本市兵衛という名の呪術師にまで病気平癒の「呪《まじな》い」をさせている。市兵衛は身分は「百姓」だったが、呪術師として当時評判が高かったようだ。石見守の嫡男で小納戸を務める上総介政方《かずさのすけまさかた》の家来柴田源之進が、その実力を石見守にこう語ったという。――手前の馬が飼葉《かいば》を食べなくなったので市兵衛に呪いをさせたところ、翌日膿のような固まりを吐き出して快復しました。お屋敷で召し使っていた女性の手にできていた瘤《こぶ》も、市兵衛が呪いをするとすっかり消えてしまいました――。

それほどの呪術師と聞けば試さない手はない。しかし市兵衛はあまりに身分が低くて大御所に会わせるわけにはいかず、その旨を述べると、市兵衛は、直に会わなくても呪いは可能だという。さて、どのように呪いが行われたのか？　大御所の病状を記した白紙に市兵衛が呪いを施したのち、その白紙で大御所の「煩しき所」（患部）を撫でれば病気全快の呪いは身体に浸透するというのである。石見守は言われた通りにした白紙を西丸に持参し、内々で大御所に申し上げたうえ、正月三十日に自らの手で大御所の麻痺した箇所を撫でている。

呪いを施した品物で身体を撫でるやり方は、江戸下谷《したや》にあった浄土宗の寺、幡随院《ばんずいいん》の祈禱でも採られた。寛延二年（一七四九）八月二十日、石見守は幡随院が加持祈禱した御扇子で大御所の身体を撫で上げているのである。

幡随院の場合は、お城に参上して直接大御所に祈禱を施すこともあった。「諸病人全快の者数を知らず」という評判の高さも買われたのだろうが、なにより開祖幡随意《ばんずいい》と徳川家康の縁の深さが、同寺を特別扱いさせた最大の理由ではなかったろうか。寛延二年九月二十八日、本丸（将軍）の内諾を得たとはいうものの、寺社奉行を通さず「内々」に幡随院を西丸大奥に招いて祈禱をあげさせた折にも、ハイライトは家康ゆかりの品で大御所吉宗に呪いを施す儀式だった。ゆかりの品は開祖が家康から拝領した袈裟《けさ》。その袈裟を大御所の身体に掛けながら幡随院は病気全快を祈ったのだった。

なにしろ神君家康から賜った袈裟を用いる儀式である。幡随院は、敷居を隔てた場所では祈禱ができないと主張したらしい。このため、特例中の特例、幡随院は御対面所の上段の間に上り、大御所の側に寄ることを許されたが、大御所にその旨承諾させたのも、石見守にほかならない。

あれやこれや。小笠原石見守政登は、大御所吉宗の全快を祈るさまざまな宗教的・呪術的セレモニーの執行においても、さながら扇のかなめのような役割を果していたのである。

第四幕　もう一つの吉宗伝説

城内歩行から鷹狩りまで……リハビリへの執念

最良の医療・介護スタッフに日々守られていたうえに、自分のことを知り尽くした側近石見守の、かゆい所へ手が届く献身的な奉仕を受けていた大御所吉宗――。半身麻痺で言語不明瞭、さらには排泄障害の症状も抱えていたとはいえ、同時代の中風患者たち、いや現代の一般的な患者たちと較べても、彼は病人として幸福このうえない境遇に身を置いていたといえる。

満ち足りた境遇。ならば、吉宗はその恵まれた境遇をただ漫然と過ごしていたのだろうか。さにあらず。『吉宗公御一代記』は、彼が不自由な身体にもかかわらず、自分の足で積極的に歩こうとし、あるいは城外へ狩りに出かけようとしていた様子を克明に伝えている。吉宗は、病で損なわれた身体機能をすこしでも回復しようと、意欲的にリハビリに取り組んでいたのである。

延享四年（一七四七）正月十八日、快気祝いが催されるひと月以上も前に、大御所は大奥（西丸大奥）で、草履を履いて庭に下り、梅をご覧になった。もちろん女中が付き添っていたのだろうが、石見守や小姓たち（男たち）がいては庭の散策も事面倒と（まだお早いのではないかと止められるので）、吉宗はまず女たちの園で、自力歩行を試みたのかもしれない。この情報は、医者の井上俊良を通じて石見守にもたらされ、大奥の女中からはなんの連絡もなかったという。

自信を得た大御所は、二月二日、西丸の「御休息御庭」に下り泉水の辺りまで歩行し、このことは、石見守から本丸の大岡出雲守らに報告された。同七日にも御休息の庭に出た大御所は、今度は「山里御茶屋」まで足をのばした。石見守ほか西丸御側衆の渋谷和泉守、松平肥前守の三人がさっそく参上し、同所で「御不例御快、初て御茶屋へ成らせられ候御祝儀、恐悦」（ご病気後初めてお茶屋にいらっしゃったことを祝い喜ぶ言葉）を申し上げている。

四日後の二月十一日には、さらに距離をまして「吹上御庭」へ。小姓たちは冷気が強いからと止めたが、たしかに寒いけれど天気が良いのでよろしいのでは……という井上俊良の一言で、大御所は颯爽《さつそう》と出発した。山里お茶屋から駕籠に乗って吹上のお庭に着いた大御所は、イチゴ畑や朝鮮人参の栽培園をめぐり「滝見御茶屋」で飼育鳥をご覧になったのち再び駕籠で山里のお茶屋へ戻り、そこから歩いて西丸に帰ったという。主なお供は石見守と松平肥前守。

二月十六日に、どうしても江戸城の周囲を散策したいという大御所を石見守が思い止まらせたことは前に紹介した。大御所の希望がようやく叶えられたのは、月が変わって三月二十六日のことである。この日、大御所は病後初めて「御城外明キ地（空き地）」へ。午前九時過ぎに駕籠で出発した大御所は、まず田安中洲《なかす》で鷹狩りを試みた。小姓に身体を支えられながら、久しぶりの鷹狩りの感触を楽しんだのである。ところがこの日は鴨がすくなくて捕らえられず、清水門を出て「四番の明地」でも試みたが、やはり獲物はなく、その後「二番明キ地」をめぐって帰城。山里お茶屋脇で駕籠を下りて西丸に午前十時半頃戻っている。

自分一人では歩行もままならないけど、小姓たちに支えられれば鷹狩りだってできるじゃないか――。そう思うと、根っから狩り好きの吉宗は、いても立ってもいられなくなったらしい。西丸に戻ると、明日は本所羅漢寺《らかんじ》へ出かけるぞとおっしゃった。いくらなんでも連日ではお身体に障りますと例によって石見守が申し上げたところ、「夫《それ》ならば」（それじゃあ）と、とりあえず羅漢寺行きをあきらめたのだが……。さて、とはいってもいつまでも城内の庭や城外の空き地で満足できるはずもなかった。四月一日、小笠原石見守は、この日大御所が本所方面に病後初めての「遠御成《とおくおなり》」を試みたと記している。

西丸御台所廊下まで小姓に右手を支えられながら歩いた大御所は、御台所口から駕籠に乗り、竹橋門、雉子《きじ》橋門を経て両国橋下の御舟場へ向かった。ここで舟に乗り換え、四つ目で下船。再び駕籠に乗って猿江の「御場」（狩場）にたどり着くと、待ちに待った鷹狩りが始まり、大御所は「御拳《おこぶし》」（自らの拳にとまらせた鷹）によって鷭《ばん》三羽の獲物を得た。昼食は鷹狩りの際の「御膳所」に指定されていた羅漢寺で済ませ、往路をそのまま辿って西丸御台所口に帰還している。西丸に戻ったのが午後二時過ぎ。午前九時過ぎには出発したようだから、五時間ほどの長い外出だったことになる。お供の人数も城外の空き地へ出かけたときとは比べ物にならないくらい多かったようだ。西丸老中・西尾隠岐守、同若年寄・堀式部少輔《しきぶのしょう》をはじめ御側衆の松平肥前守と小姓たち。そしてもちろん石見守も。病後初めての本格的な御外出とて医師団も計五名が加わっている。

思考の冴えを取り戻す大御所

「御延気」（気晴らし）とリハビリを兼ねた大御所の外出は、その後も繰り返された。

城外の空き地や本所方面のほかにも芝、落合、広尾方面へも鷹狩りに出かけたし、「浜御庭」（浜御殿）で引き網、唐網《とうあみ》（投網）や鵜縄網《うなわあみ》などをさせて見物したりもした。大御所吉宗は、権力の頂点に登り詰めた者の特権的な境遇を存分に生かして、身体不自由なわが身を励ましかつ癒し続けたのだった。さすがに名君、病にめげぬ頑健な精神の持ち主と評すべきか。一般人が願っても叶えられない満たされた療養生活を臆面もなく享受した無類の贅沢人と羨むべきか。

驚嘆と羨望。いずれにしろ、このような外出を重ねることによって、大御所の症状はしだいに回復していったようだ。延享五年（一七四八）六月十八日、石見守は「大御所様、御介抱なしに御休息候の間三篇御歩行遊ばさる」と記している。リハビリの成果か、独力で御休息の間を三回お歩きになったというのである。寛延二年（一七四九）十月十二日には、こんな場面もあったという。

来る十五日、御譜代衆（譜代大名や旗本）が大御所様にお目見えする件について、大御所様から、菊の間詰めの者たち（譜代の小大名）は拝謁しないのかとお尋ねがあった。石見守（私）が菊の間の者たちはお目見えのリストに入っていませんと答えると、大御所様は「なぜに」（どうしてだ）とおっしゃった。では、菊の間の者たちにもお目見えさせるよう年寄（老中）たちに申し付けましょうかと伺うと、「しれたこと」（当然だ）とのお言葉。

さて、この旨を西丸老中の西尾隠岐守に告げたところ、隠岐守が言うことには、なるほど大御所様のおっしゃるとおりだ。菊の間および同縁頰《えんがわ》詰めの者たちにも拝謁させるべきである。これは本丸の担当者が書き漏らしたのだろう（「御本丸にて調べ落とし候や」）。拙者も気が付かなかった。

右半身麻痺の状態は依然続いていたようだが、大御所は、お目見えリストの不備を的確に指摘するほど思考の冴《さ》えを取り戻していたのである。「なぜに」「しれたこと」という物言いにも力強さが感じられるではないか。

症状の改善と共に、かつての名君らしさも戻って来た。寛延三年（一七五〇）八月七日、行水用のお湯に羽蟻のような虫が入っていた。さあ大変。担当者を処分すべきかどうか、御側衆の一人小堀土佐守が伺ったところ、大御所は、その必要はない（「其儀に及ばず」）と答えたという。家来を思いやる心のゆとりが感じられる。

宗武謹慎の事実を大御所に隠し通す石見守

身体の機能が回復の兆しを見せるにつれて思考の力もしだいに確かになっていった大御所吉宗。そんな主人の姿を見て、医師も小姓たちも心から喜んだにちがいない。もちろん小笠原石見守は、誰よりも大御所の快復を喜んだと思われるのだが……。あにはからんや、大御所の思考がしっかりしてくるにつれて、石見守の脳裏には、えも言われぬ不安が広がっていった。一体なぜ？　私たちは、ここで再び田安宗武謹慎一件を振り返らなければならない。

右衛門督《うえもんのかみ》（宗武）に謹慎処分が下された事実が、本丸の命令で、大御所の耳に入れられなかったことはすでに述べた。大御所様には絶対内密に。とはいえ、どのようなきっかけで大御所が事実を知ってしまうかもしれぬ。以来、石見守の苦心惨憺《さんたん》の日々が始まった。

延享四年（一七四七）十二月一日、彼は、八月以来自分が行ってきた〝事実隠し〟について、本丸の黒幕である大岡出雲守に次のように報告している。

田安の件は大御所様の耳に入れてはならないというので、田安家から大御所様に定例の品が届けられる際にも、（謹慎中の田安から実際は品が届けられないので）御台所から品を取り寄せて、田安家から届いた品と偽り披露しています。大御所様には、右衛門督様は「痞《つかえ》」や「風気」で登城できないのですと申し上げてきましたが、あまり長いので、最近では手足に「小瘡《しょうそう》」（皮膚病の一種）が広がって登城できないことにしています。右衛門督様が「御引込《おひっこみ》」（謹慎）になってからは、田安家の女中たちも登城を止められています。大御所様がご不審を抱かないよう、彼女たちも悉く《ことごと》「小瘡」を病んで西丸に参上できないと申し上げています。

届くはずもない田安家からの祝儀の品は、西丸の台所に用意させて届いたことにし、右衛門督および田安家の家来、女中たちは、総じて皮膚病で参上できないと偽り、謹慎の事実をひた隠しにしている、というのである。

しかしいくら巧妙に隠したところで、宗武以下田安家の人々が長らく姿を見せない現実に、大御所が不審を抱き始めるのを止めることはできなかったようだ。はたしてこのまま事実を隠し続けられるのか。石見守の不安はしだいに深まっていく。宗武の謹慎からほぼ一年が経過した寛延元年（一七四八）七月二十五日、大岡と同役で本丸の御側御用取次を務める高井兵部少輔《ひょうぶのしょう》に、石見守はこうこぼしている。

右衛門督はどうして姿を見せないのだ、と大御所様はたいそうご不審のご様子。右衛門督様の病状をお尋ねになったので、「小瘡」が再発して全身に広がり、命の心配こそありませんがとても難儀のご様子ですと答えておきました。

同じ日の記事には、こうも記されている。

田安家の女中たちが現れないのを大御所様が不思議に思っているというので、田安家では右衛門督様ばかりでなく、使者を務める女中たちもみな身体に「小瘡」が発していて参上できないのですと理由を説明しました。すると、大御所様はお笑いあそばされました。

宗武のみならず女中たちまでがまたしても皮膚病に冒されているので……。このあまりに拙劣な（真実《ほんと》らしくない）理由を聞かされて、吉宗は思わず笑ってしまったのだろうか。吉宗はすでに石見守の嘘に気づいていたのかもしれない。

一方、石見守は、大御所様はもうお気づきなのかもしれないとびくびくしながら、それでも嘘を重ねなければならなかった。寛延元年（一七四八）閏十月十六日、『吉宗公御一代記』には次のような場面が記録されている。

右衛門督様の母方の祖母である慈光院が亡くなり、大御所様からお悔やみの使者を田安家に派遣することになった。ところが本丸からは、田安家に使者を出してはならぬとの仰せ。仕方なく、大御所様には使者を出した旨を申し上げ、（実際には派遣せず）使者が戻ってくる頃を見計らって、「ただいま田安家に遣わした使者が戻ってまいりました。右衛門督様は病のため使者にお会いになりませんでしたが、かたじけなき旨、田安家のご家老からお礼の言葉がありました」と申し上げた。

派遣していない使者が戻ってきたと報告し、会ってもいない田安家家老のお礼の言葉を申し伝えた石見守。ここまでくると、もはや主君を欺《あざむ》く行為にほかならない。ここまでしなければならない所に追い詰められた石見守の苦衷《くちゅう》やいかに。

宗武謹慎一件を隠すための公文書改竄

翌年、大御所の身体は右瞼《まぶた》の麻痺という新たな変調を示したが（「御右の御目御塞《ふさ》ぎ遊ばされ、間だには御ひらき成され候」）、一方で、お目見えリストの欠陥を指摘するなど思考能力は顕著に回復している。そしてさらに年が改まって寛延三年（一七五〇）。この年、石見守がかねて抱いていた不安がついに現実のものとなってしまう。同年二月十五日、彼は切羽詰《せっぱつ》まった心情を日記に吐露しないではいられなかった。

先日来、大御所様が何かおっしゃっていたが、いま一つその内容が理解できなかった。小姓たちが思いつく事をいろいろ申し上げたが、どれも違っていた。ところが昨日になって、大御所様が御側衆の部屋日記をご覧になりたいとおっしゃっていることが判明した。われわれ御側衆の職務日誌をご覧になる？　そんなことになったら、右衛門督様の謹慎後、田安家から「朝御機嫌伺の御使」（大御所のご機嫌伺いのため毎朝遣わされる使者）が出されていないことが、たちまち露顕してしまうだろう。

なぜ田安家からご機嫌伺いの使いが参上していないのかと尋ねられたら、宗武謹慎の事実を隠していたことを明かさないわけにはいかない。ひいては大御所を騙《だま》し続けていた事実も知られてしまう。石見守は、なによりそれを恐れていた。
幸い大御所が見たがっているのは将軍引退の三年前から引退までの日記と知り、ならば宗武謹慎の件とは無関係とひとまず胸を撫で下ろした石見守だったが、やがて新たな不安がこみ上げてくるのを抑えられなくなった。思い詰めた彼は、本丸の大岡に報告かたがたわが身の苦しい立場をこぼしている。そしてこのとき、窮余の策としてとんでもない行動をとったことを大岡に告げるのだった。

大御所様がもしも最近の日記を見たいとおっしゃったら……。去る卯年（延享四年）以来現在までの日記に、田安家からのご機嫌伺いや使者参上の記事がないことにお気づきになるにちがいない。さて、この事について説明を求められたら、私はどうお答えしたらよいのでしょう。答えようがありません。そのときは、私一人が大御所様を欺き続けたように思われ、万事休すではありませんか。

「万事休す」のくだりの原文は「石見守一人の難儀、是迄《これまで》と存じ奉り候」。石見守は、この日西丸を訪れた高井兵部少輔にも苦しい思いを打ち明け、このままでは長年のご奉公が無になってしまう（「是迄の御奉公無に成り候事」）と泣きついている。

そんな石見守が思いついた窮余の策というのは、なんと御側衆部屋の日記の内容を変えてしまうことだった。公文書改竄《かいざん》。それにしても一体どのように書き替えるというのか？『吉宗公御一代記』にはその方法が「御側衆部屋の日記、卯年以来朝御機嫌これ無き処を、紙を入替へ、中奥坊主《なかおくぼうず》肝煎《きもいり》に申し付け、右衛門督様より御機嫌伺い候旨書き入れ申し付け候」と記されている。つまり石見守は、中奥坊主肝煎に命じて、右衛門督こと田安宗武から毎朝ご機嫌伺いの使者が西丸に参上したように記した偽造の紙面を、該当する日記の紙面と差し替えようとしたのである。

差し替えといっても、四年間の日記の該当箇所すべてを差し替えるのは大変な作業であり、どう急がせても数日は要するだろう。もし作業が終わらないうちに大御所様が日記を見たいとおっしゃったら……。石見守の不安は解消するどころではなかった。その懊悩《おうのう》は、高井兵部少輔に語った次の言葉に集約されている（原文に近いかたちで）。

初め公方様の思し召しにて大御所様へ右衛門督様の儀御聞に入れ申さざる様にと私へ仰せ付けられ候義顕《あらわ》れ申すべく候。石見守義、大御所様御目通りに出候事も成り難く……。

公方様の命令で宗武謹慎の事実を隠し続けていたことを大御所様に知られてしまったら、私はもう大御所様の前に出ることすらできないだろう――。紀州以来の側近中の側近だっただけに、いかに将軍の命に従ったとはいえ、主君吉宗を裏切った心の負い目はわれわれの想像を絶するものだったにちがいない。本丸と西丸。将軍家重と大御所吉宗の二人の主君の狭間で、窮地に立った六十六歳の小笠原石見守政登は、『御側衆部屋日記』の改竄に踏み切ったのである。

石見守、大御所に連日の渾身マッサージ

それから四カ月が過ぎた寛延三年（一七五〇）六月九日、小堀土佐守、水上《みずかみ》美濃守そして小笠原石見守の三人の御側衆が、大御所の前に呼ばれた。「御人払の御用これ有り」とあるだけで、どのような重大事が話されたのか、『吉宗公御一代記』には記されていない。ともあれ、話題がやがて大御所の身体の麻痺に及んだとき、石見守が、かねてより抱いていた考えを披露した。

大御所様の右手は、いつも胸に引きつけられ、手先は鳩尾《みぞおち》にくっついた状態です。

思うにこれは筋の気のめぐりが悪いからです。さて、医者の前川玄徳が大御所様の身体を按摩《あんま》する様子を見ると、肩と背そして手や腹部を按摩しているようです。これは全身の気のめぐりを良くするためでしょう。でも、最大の問題箇所は胸ではないでしょうか。胸から手にかけての筋を揉み和らげていけば、右手のひきつけも改善されると思うのですが……。

話に耳を傾けていた大御所は、自分でも思い当たる節があったのか、「さあさあ」と石見守を促した。能書きはそれくらいにして直ぐに按摩（マッサージ）を試みよ、というのである。さっそく大御所の身体をマッサージし始めた石見守。胸部をしばらく揉んだのち筋にそって指先まで、麻痺した右手の指を、親指、人指し指、中指と合わせて一時間ほど揉み和らげると……。不思議や、それまで胸部に引きつけられて離れなかった右手が、膝の所までだらりと落ちたという。「是《これ》へ是へ」。大御所は意味のさだかでない言葉を発して喜び、石見守もまたあまりに速やかな効果に我ながら驚き、かつ感動した。

四年このかた麻痺していた大御所様の右手が、私のただ一度のマッサージで、こんなにも良くなるとは。我ながら不思議でならない。神仏の加護でも授かったのだろうか。中風を病んでいらっしゃるのでお言葉がはっきりしないが、もし存分におしゃべりになれたなら、大御所様はさぞかし私を褒めてくださっただろうに。回らぬ舌で「是へ是へ」とおっしゃるばかり。そのお言葉を聞くにつけても、私は涙を抑えることができなかった。

最後の部分の原文は「御言葉御調ひ遊ばされ候はゞ、右の御意もこれ有るべし。是へ是へとばかりの御事、石見守感涙に及ぶ」。大御所吉宗の喜びよう、石見守の感激が活き活きと伝わってくる。

以後『吉宗公御一代記』には、六十六歳の石見守が六十七歳の大御所の老弱した身体を懸命に揉み和らげる場面が頻繁に登場するようになる。

六月十一日、午前十時前に西丸に出勤した石見守は、そのまま御前に参上し、「是へ是へ」と促されて大御所をマッサージ。午後二時頃も再びマッサージを務めるという具合だ。この日、石見守は、今後毎日マッサージを務めるよう命じられている。七月十三日には「大御所様御按摩、今日両度仰せ付けらる。（中略）右両度とも石見守これを上ぐ。安元、玄徳は仰せ付けられず」とも記されている。大御所はこの日二度マッサージ治療を受けたが、二度とも石見守を指名し、医師の多紀安元や前川玄徳はお呼びでなかったというのである。

麻痺の劇的改善につながった、大御所と石見守の絆

石見守の按摩によって、大御所の症状は顕著に改善された。八月八日、『吉宗公御一代記』は、マッサージの後、大御所の（右）手が「上げ下げ御自由に成る」と記しているし、十月二十八日からは、もはや右手を支えられなくてもよくなった様子がうかがえる（「御手添に及ばず」）。右手麻痺が癒えてきたとなれば、残るは言語の障害。八月二十七日、石見守は、これからは言葉の障害が改善するよう胸部を重点的に按摩すると記している。

御側衆（西丸御側御用取次）であるはずの小笠原石見守政登は、側近というよりは、もはや大御所専属のカリスマ・マッサージ師にほかならなかった。毎日のように大御所の身体を按摩する石見守。そんな自分に疑問を抱くどころか、彼はマッサージの効果がさらに高まるよう神仏の祈禱にも頼ったらしい。十月十九日の記事を見てみよう。

幡随院、小笠原石見守方へ来る。石見守御按摩上げ候段咄し候へば、石見守両手

の指へ加持いたし候。

病気平癒祈願の件でかねてより交際のあった幡随院に「近頃私は大御所様のお身体をお揉みしているのです」と語った石見守に、「ならば貴殿の指に神仏の加護が授かるよう、お祈り致しましょう」と幡随院——。加持祈禱を済ませた石見守の〝黄金の指〟は、その後も大御所の身体の上で活躍し続けるのだった。按摩する側近小笠原石見守政登。

『吉宗公御一代記』にかいま見える小笠原石見守の後ろ姿は、なんとも嬉しげである。自らの按摩で大御所の症状が著しく好転したのだから喜ぶのは当然としても、石見守の按摩にかける熱の高さと、どうしても石見守の按摩を！　と求める大御所の態度に、あわせて私は若干の異常さを感じないではいられない。なにも公務多忙な石見守（しかも老齢なのだ）自身に揉ませなくても、彼の指導の下、専門の医者にマッサージさせてもいいのにと思うからだ。

二人の間に、第三者の理解を超えた心理的やりとりがあったと憶測するのは、私だけではないだろう。主君吉宗を欺き続けてきたことが今にも露顕しそうになり、極度の緊張と良心の呵責《かしゃく》に囚われていた石見守と、おそらくはその事実に気づきながら、紀州時代以来献身的に奉公してくれている彼を咎《とが》めるに咎められない大御所吉宗――。それぞれの心の葛藤を思いやって初めて、われわれは、自らのマッサージで主君の右手の麻痺が解けた際にこぼした石見守の「感涙」も、その涙に応えるように発せられた吉宗の「是へ是へ」という言葉の感触も理解できるのではないだろうか。

六十七歳の吉宗と六十六歳の石見守。二人の男が、老いた主従という以上に、最も身近でお互いをよく理解し合った〝長年の友〟だったからこそ、このような深くて濃い人間ドラマが演じられたのであろう。

このドラマには、しかし主人公徳川吉宗の勇ましさもカリスマ性も描かれていない。吉宗は老残の姿を余すところなく晒《さら》し、脇役をつとめる石見守もまた小心翼々と奉公する老いた側近にすぎない。いや、話の中心はあくまで石見守であって、吉宗は主人公と呼べないかもしれないのだ。にもかかわらず、私はこの話を吉宗伝説の一つに加えたい。いたずらに美化も顕彰もされていない、病で身体の自由を奪われた晩年のあまりに人間くさい話ではあるが、将軍引退後の吉宗、「それからの吉宗」を物語るエピソードとして伝説化させたいと思うのである。

大御所と石見守の「それから」

最後に「それからの吉宗」のさらに「それから」について触れておこう。現存する『吉宗公御一代記』は、寛延三年（一七五〇）十二月十五日をもって幕を閉じる。したがって、残念ながら寛延四年（一七五一）六月二十日の死に至るまでの最後の半年の詳細は明らかでない。病状は石見守を中心とする介護スタッフの努力である程度好転したものの、当時の医療の限界もあって、吉宗は六十八歳で瞑目《めいもく》した。

小石川三百坂に屋敷があった幕臣小野直賢《なおかた》が隠居後に記した『官府御沙汰略記』に、吉宗の死の経過が簡単に記録されている。それによれば、——四月下旬から「浮《ふ》腫《しゅ》」の症状が出た吉宗の体調は、五月の中旬になってさらに悪化し、老中は御城に泊まり、田安、一橋両家の当主たちも一日置きに見舞いに登城した。その後病状はやや好転し、六月上旬には老中の泊まりもなくなったが、六月十日に再び悪化。幕府はついに公式に大御所の「御不例」（危篤）を発表した。そして六月十九日の夕方から容態が急変し、翌二十日朝に亡くなった——というのである。

では、もう一人の主人公である小笠原石見守の「それから」は……。吉宗の没後七月十二日に役職を解かれ長年の功労を賞して時服五領を下賜された彼は、宝暦八年（一七五八）十二月十九日に七十四歳で致仕《ちし》（引退）。幕府から三百俵の手当てを支給されて隠居生活に入った。明和六年（一七六九）九月六日没。享年八十五（『寛政重修諸家譜』）。その墓は駒込の蓮光寺、現在の東京都文京区向丘二丁目に所在する同寺の墓地にひっそりとたたずんでいる。

第三話

老人は郊外をめざす——

『遊歴雑記』を読む

第一幕　元気なお爺さんたち

最晩年の鈴木牧之と大御所吉宗は、ともに中風に苦しめられた。江戸時代、重い病を煩う老人は今日以上に多かったと思われるが、かといって、高齢者の誰もがそうだったわけではない。還暦を過ぎ古稀を迎えても、（少々の痛みや加齢による衰えは仕方ないとして）元気に過ごした例もまたすくなくなかった。

この章では、一転して比較的〝元気なお爺さん〟に光を当てることにしよう。病み衰え介護を必要とするのも老年期なら、さまざまな欲望や責任の重荷をとりあえず下ろし、残された人生をそれぞれに味わい尽くすのも、また老年期にほかならないからである。

十五時間かけての日帰り徒歩旅行

文政七年（一八二四）九月十二日、浜町から麴町三番町に引っ越して間もない村尾正靖《まさやす》は、細々《こまごま》とした片付けと冬支度に追われる老妻の愚痴を「きかぬがほに」（聞こえないふりをして）、ぶらりと家を出た。

行き先は落合村（現・新宿区）の七曲《ななまがり》という所。同僚の一人にここで虫の音を聞くと老いの養生になると教えられたのを思い出し、陽気もよし、家に引きこもってなんかいられない（「うちにあるべきこゝちもせず」）と出かけていったのである。ときに正靖六十五歳。深まる秋を満喫し気を延べようと郊外を散策する一人の老人の姿が、そこにあった。

村尾正靖は、字《あざな》を伯恭《はくきょう》といい嘉陵《かりょう》と号した。徳川家三卿の一つ清水家に仕えた武士で、天保十二年（一八四一）に八十二歳で没している。多忙で神経をつかう勤めの反動もあったのだろう。現役時代から、束の間の余暇があると、仲間と連れ立って郊外へ日帰りで出かけるのをなによりの楽しみにしていた。

そんな彼が、四十八歳の年に下総国府台《しもうさこうのだい》と真間《まま》の古跡を訪ねた折の紀行から七十五歳で再び同地に遊んだ記まで、約四十編の遊覧記を収めた書物が、『嘉陵《かりょう》 記行《きこう》』別名『江戸近郊道しるべ』の名で今日に伝わっている。最晩年の日々がどのようであったか、小笠原政登の場合と同様その詳細はさだかでないが、健康で長寿をまっとうしたことはまぎれもなく、まずは幸福な老後だったと言っていいだろう。

健康の秘訣は何だったのか。生来健康な体質だったからと言えば身も蓋《ふた》もない。『嘉陵記行』を読んでいくと、秘訣はやっぱり気儘《きまま》な散策趣味とそれによって培われた健脚だったようだ。出歩くのが大好き。なかでも傑作だったのは、文政二年（一八一九）十月四日の〝中山道桶川《おけがわ》宿日帰りの旅〟ではないだろうか。

この日の未明、六十歳の正靖は突然思い立って江戸を発った。秋から冬にかけて晴れた日には上尾《あげお》宿（現・埼玉県上尾市）の辺から浅間山が望めるという話を思い出したからである。午前四時半頃家を出た彼は、板橋、蕨《わらび》、浦和、大宮を経て午前十時過ぎにめざす上尾に到着。ところが期待に反して浅間山はまったく見えなかった。しかたなし、もう一つ先の桶川宿（同桶川市）まで足をのばし、ようやくはるか彼方に浅間山の姿を確認した彼は、その感慨を歌に詠んでいる。「たづねこしかひはありけり浅間山　おもかげばかりかすむほのみゆ」――。

霞がかっていて山頂から立ちのぼるけむりこそ見えなかったが、なんとか望み叶った正靖は、時刻も午後二時頃になっていたので急いで帰途についたという。帰りも同じ道。日が暮れないうちに蕨宿に着き、腹ごしらえをしてから駆け足で戸田の渡しに向かったのだが……。山々を赤く染める夕陽の美しさにしばし見とれて山並みを振り返ったとき、思ってもみなかった光景に絶句してしまう。なんと浅間山が見えるではないか。しかも桶川宿で見たのよりはるかにくっきりとしたその姿が。

ただ浅間山を見たいだけだったならば、地団駄《じだんだ》踏んでくやしがったにちがいない。まったく馬鹿みたいな徒労だったと。でも彼は違っていた。「桶川で眺めた浅間山がここでも見えるという新しい発見があった。おまけにその眺めを再び楽しむこともできた」と自らに言い聞かせている。だから今回の小旅行はとても有意義だったと何時にもまして愉快な気分で家路に着いたという。帰宅したのは午後八時頃。所要時間十五時間余りの長い日帰り旅行は、こうして幕を閉じた。

束の間の暇が生じると、行きたいと思っていた場所にぶらりと出かけていく身の軽さと思い切りのよさ。それにもまして失敗も一興に転じてしまう見事なまでのプラス思考。だからこそ、この人は八十二歳の長寿を享受できたのかもしれない。六十代になっても「星みて出、星みてかへる」（まだ暗いうちに出勤し、夜遅くなって帰宅する）激務をこなしていた村尾正靖は、仕事をこなすと同時に余暇と老後の生活を十分に楽しんだ人生の達人といえそうである。

江戸時代の驚くべき健脚者たち

それにしても、なんて健脚なんだろう。午前四時半に家を出て午後八時に帰宅したというのだから、途中休憩した時間を差し引いたとしても、一日で十二時間は歩いたはずだ。驚くのは時間だけではない。中山道の桶川宿は江戸日本端から約十里の道のりだったから、往復で八十キロメートルほど歩いているのである。桶川—上野間がJRで約四十分。上野—日本橋間が地下鉄で約十分。電車でも合わせて五十分はかかる距離を、六十代の老人が徒歩でさりげなく往復したのだ。

想像を絶する健脚。といっても驚愕するのはわれわれ軟弱な現代人であって、江戸時代の人々から見れば、慢性歩行不足の現代人こそ「想像を絶する」のかもしれないが……。

当時の人は、健康であれば、老若男女の別なくとにかくよく歩いた。十八世紀半ばに刊行された『世間母親容気《せけんははおやかたぎ》』を開いてみよう。第二話「半季の出かはりに気を紅《もみ》裏《うら》」に、京都に奉公に出た娘を訪ねて近江（現・滋賀県）からやってきた母親が登場する。この母親が健脚で「もはや八つ半なれば、くれまするまでには八里はまいられまする」と語っている。午後三時頃から日暮れ（午後六時頃か）までに八里は歩けるというのである。

たしかに「達者な母」だが、この程度で驚いてはいけない。江戸後期の旅行家で地図の製作者として知られる秦檍丸《はたあわぎまる》こと村上島之《しまの》丞《じょう》は、日に四十里は歩いたといい（『よしの冊子《そうし》』)、盗賊の鬼坊主清吉《おにぼうずせいきち》もまた「道を走る事、一日に三十余里」(『遊歴雑記《ゆうれきざつき》』)と伝えられているのだから。なにしろ江戸時代の人々はよく歩いたのである。

交通手段が限られていた当時、歩行がやむをえざる移動の手段だったことは言うまでもないが、同時にそれは健康維持のための方法としても認知されていた。

宝永二年(一七〇五)に八十五歳で大往生を遂げた旗本天野長重《ながしげ》は、子孫のためにさまざまな教訓を書きのこした『思忠志集《しちゆうししゆう》』に、もし息災に生きようと思うなら、まず歩くことを心がけなければならない(「第一足をはこぶをもつて本とせん」)と書いている。歩け歩け。長重によれば歩行こそ最善の健康法で、歩行は「淫乱もの」(性欲過多)や「物思ひするもの」(鬱《うつ》病か)、「飲食無沙汰《ぶさた》なる者」(食欲不振あるいは不規則な食生活)に効くのみならず、薬や鍼灸で治らなかった病人にも著しい効果を発揮するという。

幕末の旗本川路聖謨《かわじとしあきら》もまた、健康法の一つとしてウォーキングにはげんでいた。奈良奉行を務めていた弘化四年(一八四七)の三月、四十七歳の彼は、十五歳の息子市三郎と「かけくら」(駆けっこ)した結果を誇らしげに手紙に書いて江戸に残した老母に知らせている。三十間(約五十五メートル)ほどの距離を十二回走ったところ、市三郎は息切れしたが自分は何ともなかった(「われこのくらゐのことにては少もくるしからず』）というのだ（『寧府紀事《ねいふきじ》』）。駆けっこだけではない。「庭のむだ歩行《あるき》」や早足歩行もあわせて行っていたらしい。全力疾走から庭の散策まで、緩急とりまぜた脚力増強運動を心がけることで、気儘に旅行も郊外散歩もできないお奉行様は、健康と若さの維持に努めていたのである。歩くこと、ウォーキングは、江戸時代をとおして最も手軽で確かな、不動の健康法だった。

夢にまで見るほど「旅は最高の楽しみ」

見知らぬ土地を旅したり郊外を散策することが及ぼす効果は、もちろん単純に健康の増進だけに止まらない。

江戸は新橋で仕立屋を営んでいた竹村立義《たつよし》の旅好きは、いささか尋常の域を超えていた。暮らしは家族を養って余りあるほど豊かではなく、加えて生来の肥満体質で年齢ももう若くはない。これら悪条件にもかかわらず、これといった持病もなく意外にも健脚だった彼は、家業の暇をみては取るものも取りあえず方々へ出かけ、旅から帰ると多数の挿絵を添えた紀行をまとめた。

文化十五年（一八一八）三月五日未明、友人と弟の三人連れで江戸を発ち、川越方面に五泊六日の旅に出た立義は（『川越松山巡覧図誌』）、文政五年（一八二二）九月十七日にも、旅仲間と一緒に秩父路へ旅立っている。この年、五十九歳の立義は、山深い秩父地方では食物に不自由すると予想して、地図や地誌のほかに、梅干しや砂糖、煮豆まで携えて出かけたという（『秩父順拝図絵』）。

そうまでしてどうして旅に出たのか？　未知の風景や人との出会いが旅人に与えたときめきの大きさは、旅の機会が限られていた時代だけに、今日の想像をはるかに超えるものだったにちがいない。旅は幾多の困難をともなう苦行であったと同時に、発見の喜びと思い出をもたらす人生最高の楽しみの一つでもあった。

若い頃、村尾正靖は武蔵野で月を眺めたいと父に願ったが許されず、ある夜夢の中で一人武蔵野に遊んだという。

夢といえばこんな話もある。天保九年（一八三八）、四十代半ばの幕臣、芳賀市三郎《はがいちさぶろう》は、幕府の巡見使として関東各地の民情視察の旅に出た。七十三日間に及ぶ旅の間に、彼は各地の名所旧跡を訪ねたり、旧家の書画骨董を鑑定したり、土地の人の温かい人情に触れたりと貴重な経験を積んでいる。楽しいかな出張旅行。それにつけても思い出されるのは、二十歳の頃に見た夢のこと。旅がしたくて叶わなかった当時の彼は、春から夏にかけて連夜のように夢で日本各地を旅して回ったというのだ（『天保巡見日記』）。夢を夢で実現したというわけ。江戸時代、旅の楽しみは、若者たちが夢に見るほど魅力的なものだったのである。

何泊もする大袈裟な旅でなくてもいい。村尾正靖のような散歩の達人ともなれば、余暇にぶらり郊外に出かけただけで、意外な発見や出会いを楽しむことができた。

文政二年（一八一九）三月二十五日、晩春の花の香りに誘われて、六十歳の正靖は午前八時頃家を出た。めざすは高輪、御殿山方面。赤穂義士で知られる泉岳寺の隣、如来寺の境内で桜を愛《め》で穏やかな春の海を眺めていると、傍らに老人がいて同じく風景を愛でているのに気がついた彼は、二人だけしかいない境内で、なにくれとなく老人と語り合った。

老人は名を民右衛門《たみえもん》といい、年齢は正靖と同じくらい。五十歳を過ぎて妻を失ってから諸国を旅して各地の風景に眼を楽しませているのだという。すでに二十九カ国に遊び、今年もまた小田原で住職をしている弟を訪ねたのち、安房《あわ》、上総《かずさ》、銚子、仙台と回り、そろそろ国（信州らしい）に帰ろうと思ったところで、見落とした江戸の名所をじっくり見ようと気が変わり、今日もこうして見物しているということだった。

容貌は穏やかで「天性の美質」がうかがえる。正靖は、ここにも一人、自分と同じような老人がいると親近感を覚え、と同時にその自由闊達《かったつ》な生き方にも感銘を受けた。

老人の三人の子供たちは皆一人前の商人に成長し、教えもしないのに孝行者で、老母はもう八十七歳だが、杖もつかず腰も曲がらず、健康そのものだという。子供にも親にも恵まれた幸福な民右衛門。おまけにその生き方が実にスマートなのだ。江戸の隠れた名所を案内人もなく一人で訪ね歩いていると、空き巣と間違えられてしまうかもしれない。そこで彼は、正靖と出会う二日前は、干《ほし》大根を肩に担ぎ、物売りの姿で本郷から上野、浅草と日暮らし花見をして江戸の春を満喫したという。生活のための商売ではないので、干大根は売れても売れなくてもよし。花見の途中で貧しい病人に出会えば、売上げの数倍する金額を施し与えたとも語った。風流で好奇心に溢れ、いきいきと老後を楽しんでいる民右衛門との出会いは、この日、満開の桜にもまして正靖の心をなごませ、豊かにしたようだ。

第二幕　隠者のように――十方庵敬順

清水家に仕えた村尾嘉陵、仕立屋の竹村立義、そして嘉陵が高輪で出会った民右衛門……。無類の旅好きで暇さえあれば郊外を散策した老人の顔ぶれは多彩である。史料の山を時間をかけて捜索すれば、同じような人はまだまだ発掘できるはずだ。でも、ここでの目的は健脚老人コレクションを充実させることではない。目的は〝歩く爺さん〟の心にわけ入りできるだけあざやかに照らし出すこと。彼はどうして戸外に誘われ、なにを楽しみ、どのような哀しみを抱えながら歩いたのか。それらを浮かび上がらせることによって、江戸時代の老いの感触が、はじめて伝わってくると思うからである。したがって採り上げる対象は、記述の細やかさにおいて『嘉陵記行』に匹敵し、しかもより膨大な記録をのこした老人がいい。

となると、第一に思いつくのは敬順《けいじゅん》という隠居僧である。以下、この人が著した『遊《ゆう》歴雑記《れきざつき》』の世界を覗いて見ることにしよう。

『遊歴雑記』を著した隠居僧、十方庵敬順

文化九年（一八一二）、江戸は小日向《こひなた》にある廓然寺《かくねんじ》の住職を五十一歳で退き、悠々自適の隠居暮らしを始めた十方庵《じっぽうあん》こと大浄敬順は、たっぷりの余暇（生活そのものが余暇と化していた）を近郊の散策と小旅行に費やした。その印象をこまごま記したのが『遊歴雑記』。五編十五冊からなるこの書には、文政十二年（一八二九）、彼が六十八歳になるまでに綴った紀行や散策の記が、実に九百五十七話も収められている。

健康で豊潤な老後？　事実は必ずしもそうではなかったようだ。とりわけ六十を過ぎてからは身の老いを感じることしきりで、『遊歴雑記』には、こんな嘆きも吐露されている。

「予年老て、牙歯みな抜落、形容むかしに変りてしらぬ翁にあえるが如し」――。歯はすっかり抜け落ち、鏡にうつった姿はまるで見知らぬ老人みたい、というのだ。

老眼鏡と杖が欠かせないのはいわずもがな。腰痛に悩まされ、聴力のほうも、尼である老妻の言葉を聞き違えるのが頻繁になってきたのから推して「自然に遠くなりしと見えたり」と自覚していた。おまけに目脂《めやに》は出るし鼻水は垂れるし、達者なのは口と舌ばかり。これじゃあ南向きの日当たりのいい所で辻番《つじばん》でも務めるしか能がないと自嘲するのだった。

老衰と老醜の悲哀。にもかかわらず敬順の老後に垂涎《すいぜん》せざるをえないのは、彼が『遊歴雑記』で折にふれてわが身の愉悦を語っているからだろう。煎茶道の茶人として宗知と号し、以風の俳号も持つ彼は、生来の下戸《げこ》で飲酒の楽しみこそ知らなかったが、それを補って余りある楽しみがあった。「骨董袋《ずだぶくろ》」に茶道具やお菓子を詰めて（大の甘党だった）家を浮かれ出て、江戸郊外のこれはと思う場所で野点《のだて》の茶事をもよおし、同好の人と茶を飲み、お菓子をつまみながら句を詠む愉悦。

花であれ風景であれ、江戸の人々の知らない（あるいは忘れ去られた）穴場を探し出すのも楽しみの一つだった。思いがけず興趣に富んでいた場所の情景をくわしく記し、その行き方や楽しみ方を紹介する。そもそも『遊歴雑記』は、このような目的で成立したらしい。そんな自分を、敬順は「隠者」と呼んでいる。隠者といっても、俗世を嫌って山中に隠れ住む者のことではない。それは、江戸の町中に暮らしながら、郊外の自然や旧跡に遊ぶ人のこと。生産にも利殖にもかかわらずぶらぶら遊歴するわが境遇を、彼は自負を持って隠者と呼んでいるのである。

風流でも何でもない場所で野点

文化十二年（一八一五）三月二十二日、親友の遠山灤閣《らんかく》（和算家で本多利明の高弟。串原正峯の名で知られる）と下谷のさる寺を訪ねた彼は、例によって眺めのいい所に野蒲団（ピクニック用の敷物）を広げて野点の茶を喫した。茶菓子は長崎屋の丸ぼうると越後屋の塩釜。この日の楽しさを敬順は「たのしみ此上《このうえ》あるべからず」と絶賛し、「驕奢《きようしや》の者のせざる処、高貴の人のしらざる事也」とも書いている。金満家や身分の高い人には到底味わえない、ささやかな隠居の愉悦とでもいったところだろうか。さて、景色を愛で茶を啜《すす》りながら二人が詠んだ句は……。

隠居とは能《よく》もなりしぞはるのたび　以風
気まゝにあそぶはなのみちくさ　灤閣

敬順が好んで散策するのは、江戸の人々が風流とも何とも思わない穴場が多かったから、突然「帖昆炉《たたみこんろ》」（携帯こんろ）で湯を沸かし野点を始める彼の姿は、奇異の目で見られることもすくなくなかった。

文化十一年（一八一四）二月、うららかな陽気に誘われて家を出た敬順は、浅草の北、菫《すみれ》、蒲公英《たんぽぽ》が咲き乱れ娵菜《よめな》や土筆《つくし》が真っ盛りの綾瀬川《あやせがわ》の土手にやってきた。土手は南に面してまるで「乳母がふところ」に抱かれたように温かく、遠く浅草寺の五重の塔や待乳山《まつちやま》が望める景色もまた絶品。すっかり気に入った彼は、用意してきた野蒲団に腹這いになって風景を眺めつくし、やがて綾瀬川の清流を汲んできて茶を煎じ始めた。本当は友人の馬蘭亭高彦と一緒に来るはずだったのだが、折悪く持病で臥していたので一人きりだった敬順は、まれに道行く人があると、「煎茶一服まいらぬや」(お茶を一杯召し上がれ)と声を掛けた。すると、これはかたじけないとしみじみ茶を啜る人もあったが、まるで狂人か狐狸に遭遇したように「ジロ〱と見ながら挨拶もせで早足に行過」ぎ、後を恐る恐る振り返る人もいたという。

文政二年(一八一九)の春、川越街道を松山《まつやま》(現・埼玉県東松山市)まで行って帰った旅でも、同様の場面が見られた。入間川《いるまがわ》の川端で例によって帖昆炉を取り出し川の水を沸かして茶を煎じている敬順と灤閣を目にして、土地の農民は、「不審にや思ふらん」(あやしいと思ったのか)じろじろ見回しながら行き過ぎていったというのだ。彼らの不審もうなずける。なにしろ見知らぬ老人二人が、川端の枯れ芝の上に腰をおろしてのんびり茶を煎じていたのだから。しかし二人にとっては、枯れた芝原に安座して眺める入間川両岸の景色は「奇々妙々にして言語におよびがたし」だった。「天然の風景」の素晴らしさを解さない者は笑うがいい。変な爺さんがいると嘲り恐れて通り過ぎる人たちがいるのも「又面白し」。敬順は超然と構え、存分に風情を満喫している。

笑わば笑えという姿勢は、風体にもおのずと表れた。たとえば、組み立て式の帖昆炉と共にいつも持ち歩いていた野蒲団も、端から見れば奇妙なものだった。それは敬順が独自に考案した品で、ただの野蒲団ではない。十文字紙という厚手の紙に油を引き裏に島木綿を縫い付けた縦百六十四センチ・横七十センチの敷物で、中央に二十四センチほどの裂け目があり、両脇に紐が付いている。ピクニックに出かけ草の上に敷くときは木綿を上に、雨や雪が降ってきたときは油紙の面を上にして中央の裂け目から頭を出してレインコートのように着ることができる。頭を出して両脇の紐を結べば、とりあえず防水防寒の用をなすというのである。

素晴らしいアイデア。とはいえこんな恰好で雨のなかを歩けば、世間の人は変に思ったにちがいない。しかしそれは承知のうえで、『遊歴雑記』に野蒲団を図入りで紹介しながら、「左はいへ予が異形なる姿を見て笑ふものも多からん」と書くのを忘れていない。笑わば笑え。「かゝる事も風流とて遊歴せり」、野蒲団を被って雨をしのぐ姿も風流ではないかというのだ。

なぜ郊外に向かったのか

そもそも彼は隠居後どうして郊外に出かけるようになったのか？　『遊歴雑記』には、なにより健康にいいと書かれている。歩けば食がこなされ筋骨が柔軟になりおまけに目も慰められる。おのずと心も穏やかになり「薬飲むには増るやらん」（薬を飲むよりずっといい）というわけだ。はたして彼の場合、隠者になってから（隠居してから）三日と病に臥したことはないという。

それにつけても自由に出かけられるわが身の幸せを感じないではいられなかった。「大禄の身」（大名旗本）であれば家来に気兼ねして野外で思う存分遊べないし、金持ちは金持ちで豪奢な遊興に慣れ郊外を逍遥する楽しみを知らない。一方、家業暇なしの人や宮仕えに忙しい身は、籠の鳥同然で行きたい所へ行くこともできぬ。しかるに私はひっそり暮らす「隠者の身」。「財貨には悪《にく》まれたれど」（懐は豊かでないが）幸いにして健やかで、「手の奴あしの乗物」（従者もつれず乗物もなく自分の足で歩くこと）で心の赴くままにあちこち遊び歩くことができる。これこそまさに「清福」と自賛するのだった。

自然の美しさを満喫して心楽しく、しかも健康にもいい郊外散歩や小旅行。しかし彼が出歩いた理由は、必ずしもそれだけではなかったようである。敬順は『遊歴雑記』四編下巻にこう書いている。

隠居の身の日夜まい〳〵と家を出兼ね、家族は邪魔にし鬱陶《うつとう》しく思ふもしらで、いらざる事に悪世話焼て身を立枯れにする人世上に又少なからず。

隠居後、家にこもりがちになり、家族が邪魔だ鬱陶しいと感じているのも知らないで、つまらぬことにまで口を出し、皆に嫌がられ、せっかくの老後を台無しにしてしまう、そんな人がすくなくない――というのである。「悪世話」を焼くとは、まるで鈴木牧之の晩年そのままではないか。初編下巻には次のようにも書かれていた。

家族の気性われと同じからねば、よろづに付て配慮あり。是に合せんとすれば、気をかゞめ、わが心のごとくせんとすれば、家治らず。

家族といってもそれぞれ別の人格。性格も異なる。こちらが合わせようとすれば鬱屈するし、かといってこちらの思いどおりにさせようと無理強いすれば、家内の空気が険悪になってしまう――。爺さんは小言ばかり言っていると疎《うと》まれるのも悲しいので（「小言々々といはる丶も物憂《ものうく》」）、暇さえあれば外出するようにしているというのだ。

どうやら彼がこまめに外出した背景には、家に引きこもることから生じるさまざまな煩わしさや摩擦を避けたいという願望が働いていたらしい。多かれ少なかれどこの家でも見られるお爺さんの悲哀か。とはいえ彼の場合けっして家で邪魔にされていたわけではなかった。となると、より大きな理由は別の所にあったはずである。

さて、敬順は一体どのような煩わしさを抱えていたのか？　われわれはここで彼の隠居後の暮らしを振り返ってみなければならない。

理想の隠居生活を手にしたはずだったが……

文化九年（一八一二）三月二十五日に住職を息子に譲って隠居した敬順は、今までの住居の二階を隠居用にして、夫婦で第二の人生を歩み始めた。もともと茶道の師匠だった彼のもとには、以前にまして茶友が集まるようになったが、新住職に対してなにかと遠慮があり、また二階の上がり下がりも面倒だったことから、文化十一年（一八一四）十月に小日向から水道町に転居する。

水道町の住まいは、眼下に江戸川の流れが眺められ、蛍が飛び交い、網で鮎をすくい取ることもできた。四季折々の風情を楽しめる新居を厭離庵と名付けた敬順は、自らも市隠山人と号した。やっと理想の生活環境を手に入れたと思ったところ……。

やがて数々の耐えがたい欠点が彼を悩ませ始めた。第一に地主が並外れた犬好きで、十数匹の犬を飼っていたため、吠え声が喧《やかま》しいうえ垂れ散らされる糞がきたなく、おまけに毎月のように床下で子を産む始末。川に面しているので火事など非常時の際に避難がむずかしいことも判明する。夏になると小さな蛇がうじゃうじゃ出てくるのも気味が悪かったし、路地の出入口が戌《いぬ》の刻（午後八時頃）で閉まってしまうため帰宅が遅れて閉め出しを喰ったこともしばしば。それにもまして不愉快だったのは、そろそろ四十になろうという地主の妻のねじけた性格（あくまで彼の主観的評価であるが……）だった。この女性、へつらう者には親しく接するが、そうでない者には会釈もせず、炬燵に寝そべったまま「じろりと見るのみ」。女の憎々しさを、彼は「是《これ》までかゝる気質の者を見しことなし」と口を極めて罵っている。彼女は趣味で鼓弓（胡弓）を習っていたが、その稽古の音といったら、まるで桶の底をこするようにギイギイうるさく、これまた耐えがたいことの一つだったらしい。

耐えがたいといえば、水道町の家に移って二年後、文化十三年（一八一六）十月に息子の法順が十九歳の若さで亡くなった。はらわたが裂けるような悲しみに襲われた敬順は、以前にも増してこの世の無常を実感したという。浮世を「憂世」と達観した彼が、ますます郊外に出て自然の美しさに触れようとする性癖を強めたことはいうまでもない。

風流で知的な暮らしを邪魔する「七つの不愉快」

四年あまり我慢したのち、文政二年（一八一九）七月、敬順夫婦は、居を水道町から牛込の赤城明神社内に移した。敬順五十八歳。ここでは茶の稽古日を定め、月一度親しい友人を集めて「噺会《はなしかい》」を催したり、香道や茶会に招かれたり。風流で知的な生活がようやく定着したかに見えた。ところが……。

やがてさまざまな俗人が婦人連れでやって来て深夜まで雑談するようになり、閑居はさながら俗物たちのサロンと化してしまう。不本意な敬順は、五首の狂歌を襖《ふすま》に貼って、彼らの撃退をはかったという。さて、その狂歌とは。

隠れ家に人の来るこそうるさけれ
　わきておうな（女）は老も若きも
茶にあそび睦《むつ》びし友はとひもせで

おもはぬ人のとふぞくるしき
友ならぬ人のとひ来て長居するは
　ひとりあるよりさびしかりけり
疎《うと》くとも恨みはせじなまたぬ人は
　とふてもよしやとはでしもがな
中〳〵に人の来ぬこそうれしけれ
　ひとり居はよの噂きかねば

風流を解さない客はご遠慮ください。とりわけ女性は、老いも若きもまっぴら御免。友でもない人が押しかけて長居されると、一人でいるより寂しくなる、等々――。狂歌を貼ったおかげで、文政五年（一八二二）閏正月の末から「俗客」の夜ごとの来訪が絶え、敬順はホッと胸を撫で下ろすのだった。この年の十一月、さらに竹島町の新居に移り、おそらくここが終《つい》の住処《すみか》になったと思われる。

ところで狂歌を襖に貼った話に続けて、敬順は「予常〳〵忌嫌《いみきら》ふもの七あり」として〝七の不愉快〟を列挙している。すなわち、「雷電」「酒くらひ」「嫗《バヽア》」「児輩等《コドモラ》」「女客」「よろづ利（理）屈の俗談」「巧言令色の人」（口先だけの人）の七つ。ここでも女性については、耳順《じじゅん》（六十歳）を過ぎた老女は「汚穢《むさく》見るもうるさし」とか、老女でなくても総じて「女は口やかましい」と、もう言いたい放題だ。

老いてなお快楽に耽る男たちに対しても、おのずと批判的だった。友の中には「妾を愛して房事《ぼうじ》（性行為）をたのしみ」といった手合いもすくなくないが、趣味が合わないので交際を絶ってしまったという。そもそも女性について「憎むべきものは女ぞかし。七人の子はなすとも肌をゆるすべからずとは金言なるかな」と語っているほどで、所詮女は心を許して接する相手ではないと断言している。妻であれ来客であれ、家に長くいればそれだけ女性や嫌な客と接する時間も増える。煩わしい人との応対より詩情あふれる風景の中へ。かくして老人は郊外をめざしたのだった。

実は色気たっぷりの隠者

偏屈で女性蔑視の言を弄《もてあそ》んだ敬順だが、ならば彼が根っからの女嫌いだったかというと、どうやらそうでもなさそうである。

隠居後、妻にせがまれて江ノ島遊覧の旅に出たくらいだから、まずは愛妻家といえるし、散策の途中で小股の切れ上がった女を見れば、歩を休めて眼差《まなざ》しをそそいだこともある。女嫌いではない。駒形橋を渡って目白台へ向かう道で、カキツバタが咲き誇っているのに心惹かれ「非人」の住まいが軒を並べる小路にふらふら足を踏み入れたときも、年の頃せいぜい十七、八の美しい娘に「通り給へ」(どうぞお通り)と会釈されたのに嬉しくなって、「山かげや乞食にはおしかほよ花」と詠んだほどである。

美形でなくてもよかった。『遊歴雑記』五編下巻に載っている話だから六十代も半ばを過ぎてのことだろう。江戸の西郊、上北沢村の名主宅に評判の牡丹園を見に行ったときも、二十歳前の茶店の娘がむっちり肉付きのいいのに眼を止めて、「ぼたん見や鄙《ひな》のむすめのふとり肉」と一句詠んでいる。肉《しし》を獅子に掛けただけの他愛のない句だが(本人も「悪発句《わるほっく》」と書いている)、娘を凝視する眼差しの、なんと性的なことだろう。「予は唯《ただ》埋れたる風色の景地を穿《うが》ち、眼をなぐさめこゝろを養ふを以て隠者の思ひ出とし……」なんて宣言してはばからない敬順だったが、隠者殿の視線は、実は景色の面白さだけでなく、若い女性の匂やかな肉体にもじっとそそがれていたのである。

武州松山の箭弓《やきゅう》稲荷を訪れたときも、襖一枚隔てて、宿の女主人と彼女に懸想《けそう》する男の痴話喧嘩に興味をそそられ、寝不足になってしまったという。女は三十九歳の後家で、男のほうはなんと七十四歳の老人だった。女に間夫《まぶ》(愛人)がいるいないで口論は深夜におよび、おかげで隣に寝ていたわれわれは「夢もむすばず」(熟睡できなかった）と一応愚痴ってはいるが、翌朝、同行の友と「昨夜の口論はおかしみありて一興ながら……」と語り合っているのをみれば、旅先で偶然耳にした〝老いらくの痴話〟を楽しんだのは疑うべくもない。このとき詠んだ句は「夜さむさをしるや悋気《りんき》（嫉妬）のふすまごし」。熟女の未亡人と老いてますます盛んな男の色恋沙汰を、眉をひそめて蔑《さげす》むのではなく、大いに面白がっているのである。

田舎娘の肉体にさえ凝視を惜しまなかった隠者のことである。新吉原の第一級の遊女たちをどうして絶賛しないはずがあろう。火災で新吉原が焼けたのち、浅草花川戸《はなかわど》で遊廓の仮宅《かりたく》（仮営業）が開かれているのを見物にやって来た敬順は、遊女たちの美しさを「芙蓉《ふよう》もしかず」（芙蓉の花よりきれいだ）と讃え、「海棠《かいどう》の雨を帯し風情」（艶麗な海棠の花がしっとり雨に濡れた様子）にたとえている。そして、こんなに魅力的な遊女たちだから「銀遣《かねつか》ふも無理ならず」と、春を買う男たちにも理解を示すのだった。

ところで新吉原の遊女たちを讃える言葉の中に、「三州岡崎の賤妓とは中〳〵同日の論にあらず」（三河岡崎の女郎とは比べものにならない）とあるのは何のことだろう？岡崎の女郎が出てきたのには理由があった。隠者気取りの敬順老人、とっくに還暦も過ぎた身で、岡崎で女郎買いを経験していたのである。それは文政七年（一八二四）

に名古屋に遊んだ帰路のこと。岡崎に泊まった敬順は、連れの男に誘われてやむなく飯盛女《めしもりおんな》と一夜を過ごした。やって来たのは二十歳前後の女たち。敬順より八つか九つ年下の連れはいざ知らず、自分は交接には及ばなかったと『遊歴雑記』五編上巻で告白している。すなわち「我年老て房事の儀なし。安堵《あんど》して心よく寝候へ」と女に語り、肩や腰をさすらせ、小用に立つたびに紙燭《しそく》を照らして厠に案内させるだけで終わったというのである。とはいっても、若い女郎と同衾《どうきん》同然に一夜を過ごしたことに変わりはない。おまけに彼は、岡崎女郎の手管《てくだ》の巧拙についてまで臆面もなく得々と評している。十方庵敬順。それでも君は清貧の隠者といえるのだろうか。

第三幕　老後を楽しむ達人

落書き常習犯、敬順

市井の隠者を自負して世の俗物たちを憐れみ笑った敬順は、また落書きの常習犯でもあった。

と言うと「落書き《らくが》じゃなくて落書《らくしょ》でしょ？」と聞き返されてしまうかもしれない。かなり偏屈な爺さんだったとはいえ、まぎれもなく知的な老人の敬順が、まさか悪戯っ子や不埒な若者のようにラクガキなんかするはずはない。辛口のユーモアをたっぷり効かせて政治や世間を風刺したラクショを書きまくったというならいざ知らず。たしかに、あれほど自然を愛し歴史と文化を尊んだ彼が、落書きの常習犯だったとは考えにくい。

しかし真実は曲げられない。論より証拠。『遊歴雑記』から、彼の犯行現場をいくつか拾ってみよう。

文化十一年（一八一四）、野火止《のびどめ》の平林寺《へいりんじ》（現・埼玉県新座市）にやって来た敬順は、松平信綱の時代に開削《かいさく》された野火止用水の流れを見て、「堀かねもむかしや広き野火どめの流れのどけき春の水音」と詠んでいる。ところで、この歌が書かれたのは短冊でも手帳でもない。ならばどこに。『遊歴雑記』には「頓《やが》て矢立《やたて》取出し、杜撰《ずさん》にも惣門の柱に落書し置り」と書かれている。われながら感心しないとは思ったが、寺の門柱に落書きしてしまったというのである。

反省しながらも、敬順は同様のことを繰り返している。下総中山（千葉県市川市）の「法花経寺」では、祖師堂の丸柱に「しづかさや只折ふしはとりの経」の句を「楽書」したし、岩室の観音堂（埼玉県吉見町）では堂内の柱にやはり和歌か発句を落書きしている（どんな作品だったかは不明）。観音堂の前の山桜が満開で花の香りも格別だったから、と弁解しているが、落書きに違いはない。

もっとも、街道沿いには落書き御免の茶店もあったようだ。川越―松山間にあった神田屋八十八の店で、敬順は悠然と矢立を取り出し、軒先の柱に「旅馴《なれ》た身にもうるさし秋の蠅《はえ》」と書きつけている。店で休憩する旅人が発句を柱に墨書きしても、店の主人は何にも言わなかったのだろう。文句を言わないどころか、どうぞ落書きしてくださいと筆記具を提供する店もあった。

それは「しがらきの茶店《さてん》」（神奈川県横浜市）で旅の足を休めていたときのこと。店の鴨居《かもい》や長押《なげし》にさまざまな句を詠み「むだ書」した紙片が貼られているのを眺めていると、店の者が「何なりと出吟《しゆつぎん》し給《たま》はれ」（どうぞご自由に句や歌を詠んでください）といって、墨をすり流した硯を差し出したというのである。現代でも同様の趣向で客を喜ばせる店があるが、この茶店も客の〝落書きごころ〟を商売に利用していたのだろう。

落書き御免の店内ならともかく、由緒ある寺や神社の柱にまで歌や発句を墨書してしまうのはいかがなものか。それも洒落《しやれ》た句や歌を落書きするならまだしも、敬順は、心ない観光客さながらの落書きさえためらわなかった。所は芝生村（神奈川県横浜市）の浅間宮《せんげんぐう》。親友の遠山瀾閣とこの地を訪れた折のことを『遊歴雑記』はこう記している。

両人社檀に憩《いこ》ひたばこ吸ながら、矢立の筆噛しめつゝ、宮柱に瀾閣も予も国処《くにところ》姓名をむだ書して下山しける。

煙草をふかしながら、社殿の柱にそれぞれの住所や姓名を墨で「むだ書」（落書き）

してしまった敬順と瀾閣の二人。もはや弁護の余地なしというべきか。

落書きの習慣は、なにも隠居してから始まったのではなかったようである。文政七年（一八二四）四月二十八日、六十三歳の敬順は寺の用事で三河に逗留した帰り、現在の愛知県一色町の庚申堂《こうしんどう》に立ち寄ろうとしたが、その理由は、むかし書いた落書きに会いに行くためだった。

寛政九年（一七九七）三月、三十六歳のときに書いた落書きが、二十七年経ってどうなっているか懐かしくてたまらなかったらしい。たかが落書きというなかれ。落書きは敬順にとって、その地を訪れたささやかな記念であり、再来の日にあたかも旧知のように迎えてくれる過ぎ去った日の痕跡でもあった。思い出の落書き。

寺社への落書きも楽しい思い出

落書きする旅人、散歩者――。それにしても、敬順とその仲間たちだけが落書き常習者だったのだろうか。はたして彼らは特別の不良老人だったのか。

『天保巡見日記』をひもといてみよう。視察旅行の途中、武甲山《ぶこうさん》（埼玉県秩父市南部の山）の山頂に登った芳賀市三郎は、日本武尊《やまとたけるのみこと》を祀った社の扉に七言絶句を書きつけている。「我詩あり。その社扉に書す」とあたりまえのように記していて、罪の意識など微塵《みじん》も感じられない。それとも幕府の視察官だから特別扱いだったのだろうか。いずれにしろ、彼もまた落書きを楽しむ旅人の一人だった。

では『嘉陵記行』、別名『江戸近郊道しるべ』の著者の場合はどうだろう。文化十三年（一八一六）九月十五日、江戸郊外の井の頭弁財天を訪れた村尾正靖は、歌を一首「拝殿の右の板障に」書きつけたという。さらにその九年前の文化四年（一八〇七）三月七日にも、下総の総寧寺（千葉県市川市）で、やはりお堂の板戸に歌を落書きしている。歌は「またも来ん後の枝折と古でらの杉の板戸にのこす言のは」。歌の落書きは、再び訪れる時のための枝折、〝道しるべ〟というのである。

事実、彼もまた敬順と同じように、以前落書きした場所を懐かしげに訪れている。天保二年（一八三一）六月九日、大宮八幡宮（東京都杉並区）に参詣した正靖は、三年前に来た際に石灯籠に書きつけた歌（落書き）を探したが、板ではなく石に書いたのがわざわいしたのか、消えかけていて定かに確認できなかった（「半消《なかば》てみへず」）と残念そうに記している。われわれは、ここにも落書きの常習犯を発見できるのである。

どうやら江戸時代の旅人や郊外散策者たちは、寺や神社など歴史的建造物の柱や板戸に歌であれ住所名前であれ、落書きすることにさして罪の意識を抱いていなかったようだ。すくなくとも「常習者」とか「常習犯」と犯人扱いされるのは、彼らにとっては、いわれのない中傷なのかもしれない。たしかに良いことではないが、この程度の悪戯は、旅の思い出として許されてもいい、許されるべきだと思っていたらしい。落書きは楽しきかな。敬順の散策と小旅行は、そんな、自由でゆったりした気分のなかで行われたのである。今日と較べれば交通の便はいちじるしく悪く、飲食休憩のサービスを提供する店もすくなく、総じて不便極まりない環境だったにちがいない。が、反面彼のような老人は、誰に気兼ねするでもなく存分に自然や景色を楽しみ、のみならず、以前訪れた際に残しておいた懐かしの落書きと再会することだってできたのだ。失われた時を求めて……。

俗世の享楽に背を向けた隠者の楽しみというとなにやら印象が暗いが、現実には敬順老人の郊外散歩には、女性の色香を愛でる愉悦もあれば、自作の歌や句をところ構わず落書きできる楽しさもあったのである。だからこそ彼は頻繁に郊外へ出かけたのだろうし、『遊歴雑記』の行間からも楽しさが滲《にじ》み出ているのだろう。

江戸の片隅に身を潜める、老いて貧しい隠者だって？　こんな隠者なら私もなってみたい。とはいえ、今日もし由緒ある寺や神社の建物に落書きして歩いたら、到底風流な嗜《たしな》みと許してはもらえまい。老人が心ゆくまま落書きすることさえ許されなくなった現代日本に身を置く私は、『遊歴雑記』をひもといて、ただただ羨望の涎《よだれ》を垂らすばかりなのである（とはいえ、落書きはやはりいけない）。

独りがいいけど、わいわい賑やかもまた楽し

そもそも隠者と聞くと、すぐに超俗とか脱俗清貧といったライフスタイルを思い浮かべてしまうのは、近現代人の想像力が天真爛漫《らんまん》すぎるからである。江戸時代の隠者たちは、たとえ自ら隠者と称したからといって、常住枯淡《こたん》でストイックな境地に遊んでいたわけではないし、俗世俗物の楽しみと隔絶されていたわけでもない。

すぐれた武将でありながら京都に詩仙堂を営み隠棲した石川丈山《いしかわじょうざん》（一五八三―一六七二）は、さだめし江戸前期の代表的な隠者だが、その隠棲の内実が、ストイックなどころか、複数の少年を侍らせて〝衆道《しゅどう》（少年愛）の浄土〟に遊ぶものだったことは、すでに江戸時代の文献に見えるし、炯眼《けいがん》の文学研究者、前田愛氏も指摘している（同氏論文「衆道の詩仙・石川丈山」）。

清貧の禅僧と讃えられる良寛《りょうかん》の場合もしかり。その歌の一つ、「世の中にまじらぬとにはあらねどもひとり遊びぞ我はまされる」は、通常「多くの人々と交わるよりも、私は一人で書物をひもといているほうが性に合っています」と解釈されるが、「ひと

り遊び」を自慰と解釈すれば、艶笑歌としても読めるだろう。最晩年に四十歳も年下の貞心尼と濃厚な恋歌をやりとりしたほどの良寛だから、おそらく「ひとり遊び」の裏の意味を弁《わきま》えたうえで、茶目っ気たっぷりにこの歌を詠んだにちがいない（氏家『江戸の性風俗』）。良寛さんもまた、性の悦楽を忌避していたわけではないのである。

敬順老人が、若い女性の尻こそ追いかけないものの、意外に色気があって性の悦楽に理解があったことはすでに述べた。ならば、その他の面ではどうだったろうか。

派手で俗っぽいのは好きじゃない（「繁花の俗事にあそぶを好まず」）と宣言し、私の友人はみな知的で風流だ（「友に又庸愚《ようぐ》の俗客なく」）と豪語し、おまけに酒飲みを毛嫌いした（「只うとましきは酒狂にこそ」）敬順であるが、はたして、われわれは彼の言葉を真に受けていいものか。疑いを抱いた理由は、ほかでもない。『遊歴雑記』を読んでいくと、彼の言葉とすくなからず矛盾する享楽的な場面に何度も出会うからである。

第一に、彼は遊びの達人であった。文化十一年（一八一四）、五十三歳の敬順は、近年自分が工夫した遊びを列挙している。十煎茶、十菓宴、十酌飲、十吸烟の四種で、いずれも香道の十種香《じっしゅこう》を模した遊び。たとえば十煎茶は数種類の銘柄を混ぜた茶を煎じて飲ませ、銘柄を当てさせるもので、同様に十酌飲の場合は酒の銘柄を飲み当てて競うのである。

それにしても、どうしてこのような遊びを工夫したのだろう。敬順は「年老て流行に後れたれば、若年の人にも飽《あか》れざる様に」と記している。茶会や香道の会に集まる客たちのなかには、上戸（酒飲み）もいれば下戸で甘党もいる。酒はいけないが煙草は大好きといった人もいただろう。そんな多種多彩な客が飽きずに楽しめるよう、亭主役の敬順は多彩な遊びを工夫したのだという。おかげで雨の日も風の日も、彼の「草堂」を訪れる「雅客」の足は途切れることがなかったよし。隠者といっても、この人、根はかなりの客好きだったのだ。

客好きといえば、毎月十八日に自宅の茶堂で開かれていた「噺会」のメンバーにも触れておこう。この会を目当てに「名だゝる諸君子」が集ったというのだが、やって来たのは、茶人、歌人、俳諧や華道の宗匠たちのほか、「竹を吹人」「琴を慰む雅客」「書面に長じたる人」「奇病を療ずる医師」「よろづの鑑定にくわしき人」「落し噺しに妙得《みようえ》し仁」（落語の名人）等々、多士済々というか種々雑多な面々だった。噺会の日は、狭い部屋に彼らが詰めかけ、それぞれの話題を披露しながら終日おしゃべり三昧《ざんまい》で過ごしたらしい。

たしかに騒々しい鬱陶しいと感じた日もあったかもしれない。しかし、もとはといえば敬順の社交好き、もてなし上手が育てたサロンであり、敬順もまた客の賑《にぎ》わいを存分に楽しんだはずである。「本当は一人で郊外の自然に遊ぶのが好きなのさ」なんて折にふれて隠者の愉悦を強調する敬順だったが、自然の景色を愛し郊外散歩が好きだったことに違いはないとして、わいわいがやがやにぎやかな遊興もそれなりに楽しんでいたとしか思えない。隠者といっても、敬順老人は、清濁とりまぜた両刀づかいの隠者だったのである。

不良隠居仲間と馬鹿話

自宅の茶室では、客を集めて隠者っぽくないおしゃべりに興じたかもしれないけれど、一歩郊外に出れば、しみじみと自然を観賞していたのでは、とおっしゃる読者もいるだろう。たしかに、買い物もままならない郊外で静寂な自然に心洗われ、こんな場所に庵を結びたいと思ったことも一度や二度ではなかったという。しかし、それとは裏腹に、同行の友人たちと出かけた先ではしゃぐことも、珍しくなかった。

秋の徳丸が原（東京都板橋区）を和柔、里夕、波月の三人と散策したときの敬順を、私は静かな自然観賞者とはとても呼べない。例によって「たゝみ昆炉《こんろ》」を組み立てて野点の煎茶を楽しんだまではよし。名主の三右衛門が差し入れた酒でほろ酔い気分になると、にわかに茶席は活気づいた。篳篥《ひちりき》を吹く者があれば横笛を吹く者もあり。敬順もまた音楽に合わせて歌い、茶席はさながら野外演奏の場と化したのだった。

茶や酒を酌み交わしながら野外で雅《みや》びな音楽を奏するのは、静かな自然観賞からは逸脱しているとはいえ、風流な遊び方と言えないでもない。桜の下で芸者を侍らせ三味線・太鼓入りで騒ぎ興じる「俗物たちの」酒宴と較べれば、まだしも隠者の楽しみに相応《ふさわ》しいといえよう。ならば、次のような例はどうか。

文政六年（一八二三）十二月二十五日のことだという。平河天神（東京都千代田区）の市を見物に行こうとぶらぶら歩きはじめたのは、敬順と小原通斎、伊能宗右衛門の三人連れ。折から烈《はげ》しい西北の風が吹き、舞い上がる土砂と寒さで最悪の日和だったが、三人は元気に歩を進めた。「心あふたる三人、土砂吹たてるはものゝ数かはと、途中互ひに滑稽《しやれ》の戯言《たわけ》を慰《なぐさみ》として麴町へさしかゝる」と『遊歴雑記』は記している。どうやら三人は駄洒落や馬鹿話を連発し合い景気をつけながら、平河天神をめざしたらしい。

川崎大師へ小旅行した際にも、敬順は友人二人と「例の出傍題《でほうだい》に晒落（洒落《しやれ》）ながら」道中を逍遥したという。「例の」とあるからには、友人と出かけるときは、いつもジョークを飛ばし合い、さながら弥次さん喜多さんのようにぶらぶら歩いたのだろう。

右の記述から浮かび上がる敬順の印象は、俗を超脱した隠者というよりは愉快なご隠居か不良老人そのものだ。実際、彼は、朝晩彼の所に遊びにきて親しく交際している五人の仲間を、自分と合わせて「六隠居」とか「六馬鹿」と称している。六人の不良隠居という意味だろう。独り静かに自然を愛すどころか、気の合った友だちと馬鹿話に興じるお爺さんの姿が彷彿《ほうふつ》としてくる。

時に無節操にもなれる心の柔軟さ

酒飲みは大嫌いだと書いているのに、酒宴が盛り上がれば自分も楽しんでしまうのが、彼の無節操というか心の柔軟さだった。

西新井大師（東京都足立区）を訪れ、雨に降られて千住にある酒楼を兼ねた旅店に一泊したときのこと。敬順と遠山瀾閣、石野大閑翁、青木一夢の四人は、田舎酒の酔いにまかせて大声で談笑して天気に恵まれなかった憂さを晴らし、やがて「仕形噺《しかたばなし》」（身振り入りの落語）が披露されると可笑《おか》しさと酔いで気分は最高潮。一座は大爆笑となり、瀾閣老人に至っては「余りのおかしさに臍《へそ》を痛《いため》し」、笑いすぎておへその辺りが痛くなったほどだという。その姿がまた可笑しくて笑いを引き起こしたというのだが……。さて、これでも敬順は「只うとましきは酒狂にこそ」なんていえるのだろうか。

友人の池田三鼎（山鼎とも）の誘いで、彼が逗留していた越谷宿《こしがや》（埼玉県越谷市）の富豪池田吉兵衛（塩屋吉兵衛。通称塩吉）を訪ねたときも、敬順一行は、五百石以上の田畑があるうえに塩問屋を営む吉兵衛から、金満家の贅沢料理としか言いようのないご馳走を振る舞われた。「海江の鮮魚山陸の珍物残る方なく、八百善きんは楼ものかは」というのだから料理の豪華さは想像できる。

ところで、ここでも敬順とその仲間たちは酔ってしまって（すくなくとも敬順は下戸のはずだが……）、友人の万鯉が茶番のような躍りに興じれば、青木一夢は七十歳の年齢も忘れて物真似を演じる始末。それを見て敬順は、明日腰痛でも起こすのではないかと心配しつつも、これまたすっかり盛り上がっている様子なのである。

地位や肩書にしがみつき金と女と美酒美食に飽くまで貪欲な男たちを「俗物！」と蔑みながら、その癖自分も目や口の快楽を存分に楽しんだ敬順老人――。そんな老いざまを言行不一致の似非《えせ》隠者と糾弾するのは自由だが、考えてみれば、このチャランポランさがあったからこそ、敬順は老後の生活を、家庭や友人関係に深刻な不和も生まず、気儘に過ごせたのかもしれない。彼は〝老後の達人〟なのかもしれない。

多趣味多芸で社交好きだが、それでいて偏屈で孤独を愛し、かといって家に引きこもるのは大嫌い。そんな複雑な感情を持った敬順が著した『遊歴雑記』は、江戸後期の地誌、見聞記として貴重なばかりでない。それは、われわれに時代を超えた老年期の心の風景を見せてくれると同時に、老後の生き方のヒントも与えてくれる。

第四幕　老人の役割

寺社や名所旧跡への辛辣な批評精神

妻や身の回りの人々と亀裂を生じることもなく、安穏気儘に老後を過ごしたように見える敬順だが、彼の老後がただ好きな所へ出かけて愉悦にひたっていただけかといえば、なかなかどうしてそうではない。『遊歴雑記』を開いてみよう。そこには、彼のような〝散歩する老人〟ならではの厳しい眼差し、世の中の風潮に向けられた辛辣《しんらつ》な批評精神が息づいている。

なにより目につくのは、江戸および近郊の名所旧跡のインチキを暴く、小気味いいまでの記述だ。

江ノ島を訪れ、岩窟内に恵比須や大黒などさまざまな石像が並べられ「賽銭《さいせん》を貪」るのを見た敬順は、岩屋の横穴が後世掘られたものであると指摘し、総じて江戸近郊の名所旧跡は「山師」の手が加わっているので「信用しがたき事」が多いと評している。岩屋の石像ばかりではない。名産と称して売られている品だって相当怪しい。江ノ島では海藻類のほか「鮑《あわび》の粕漬け」が土産物となっているが、これは江戸で死んだ鮑を粕に漬けて江ノ島に運んで来た品。だから江戸の人が土産に買っていくのは可笑しい。ここの粕漬けは買ってはいけない（「粕漬け求むべからず」）というのだ。

これが初めて訪れた人の言葉なら、鵜呑みにするのはためらわれるが、なにしろ彼は十一歳のときに母親に連れられて来て以来六度目の江ノ島観光だというのだから、傾聴しないわけにはいかない。まさに敬順の〝年の功〟が、観光地批判の言に厚みと信頼性を付与しているのである。

年寄りは、昔を知っているだけに怖い。小石川伝通院前の浄土宗西岸寺の宝物「源空上人の鏡の御影」に関する『遊歴雑記』の記述も、かなり辛辣だ。この宝物は、浄土宗の開祖源空（法然上人）が鏡に映った我が老いの姿を描いた自画像といい、京都の二尊教院に伝来していた。それがどうして江戸の西岸寺の霊宝になったのか？　敬順によれば、鏡の御影は、天明五年（一七八五）に本所回向院で行われた開帳に出品されたものの、参詣がすくなく（期待した収益が得られず）、帰りの旅費に窮した二尊教院の関係者から当時の西岸寺の住職が金で手に入れたのだという。このようにして同寺の所蔵になった宝物だから、本物は本物でもその価値は「四五段衰えぬべし」

（四、五ランクは落ちるだろう）と、敬順の批判は容赦ない。

買われた霊宝。谷中長運寺の「遊女虎が石」もまた同様の経緯で現在の寺のものとなったと敬順は指摘する。宝暦（一七五一―六四）の頃やはり開帳の品として相州（神奈川県）大磯の蓮台寺が出品したが、これまた流行らず、金に詰まった蓮台寺はある江戸の百姓に質入れした。借金はそのまま返されず、お宝は百姓の菩提寺である長運寺に納まったというのである。

『遊歴雑記』には、相州網代《あじろ》の永昌寺の住職のこんな言葉も紹介されている。「疑はしき宝物の更になきが当寺の由緒ぞ」――。永昌寺は戦国の武将三浦道寸一族の菩提寺だったが、残念ながら宝物と誇れるような三浦一族の遺品が一つも残されていなかった。だからといって疑わしき宝物を持っていないのは、正真正銘由緒ある寺という揺るぎない自負のあらわれ、というのだ。

裏返せば、寺院や神社の霊宝にはそれほど偽物が多かったのだろう。敬順は、自分も僧侶であるだけに、なおさら坊主や山師たちの手口に怒りを抑えられなかったとみえる。

宝物を買ったり捏造《ねつぞう》する寺があるかと思えば、歴史的に貴重な墓石を惜しげもなく捨ててしまう寺もあった。江戸牛込の万昌院は吉良上野介義央《きらこうずけのすけよしなか》の墓があることで知られるが、もとは義央の墓の周囲に赤穂浪士討入りの際に討死にした家来の墓も並んでいたという。ところが以前の住職が、縁者も絶えた無縁の墓だといって撤去し、敬順が訪れたときは跡形もなくなっていた。寺にとっては金を生まない無縁の墓だとしても、義央にとっては命を捨てて主君を守ろうとした「真忠の者」たちなのに……。その墓をあばき捨てるとは「無慙《むざん》といふべし」（酷すぎる）と、敬順は件の住職を非難するのだった。

川越城下（埼玉県川越市）の東妙寺も同じ理由で批判されている。この寺には十六世紀後半の名だたる合戦で戦死した人々の首を埋葬した首塚があったが、やはり「無縁」で境内の場所をふさいでいるだけで「益なし」との判断から破壊されてしまった。敬順の非難はさらに厳しい。「無慙とやいはん。心なき仕方、放逸の振舞たるべし」――。

死者を安らかに眠らせるのが仕事なのに、無益だ、場所ふさぎだと歴史的な墓や塚をさっさと処分してしまう寺の姿勢、ひいては僧侶の資質に彼は疑問を抱かずにはいられなかった。どうやらこの時代から、大都市圏の寺は、効率と経済性を第一に経営されるようになっていたらしい。無駄をすくなくし境内を効率的に活用するというと聞こえはいいが、それは要するに寺の俗化、堕落にほかならないと、『遊歴雑記』は随所で警鐘を鳴らしているのである。

呪術的な医療、お守りの霊験をチクリ

なにしろ知的で批判精神に富んだ老人である。よほど来歴さだかで効験いちじるしいと証明されていないかぎり、呪術的な医療行為はすべていかがわしいと繰り返し述べている。「病にはくすりあり。医を撰んで療ずべし。何ぞ巫《ふ》呪《じゅ》の類を争《いかでか》たのまん」（病気には治療薬がある。良い医者を選んで診てもらうのが一番。なんでわざわざ呪術者に頼る必要があろう）。彼によれば、いかがわしい民間呪術は「婦女等が不図《ふと》いひはやして」流行りはじめるもので（ここでも彼は女性の軽率な言動が間違いの原因だとしている。女性にはよほど懲りていたとみえる）、「笑ふべし。すべて惑溺の人ごゝろ。壱人虚《きよ》を伝ふれば万人実《じつ》を伝てぞめき嘯《うそぶ》けば、訳もなく天行《はやる》ものぞかし」という結果になる。初めは一人の嘘だったのに、やがて多数の人々に嘘が伝染し、あっという間に流行現象となる――というのである。

そんな老人だったから、いわゆる霊宝の類を見る目もきわめて醒めていた。本所回向院の出開帳で、下総の海中から出現したという「歯《は》吹《ふき》の如来」像を拝見したときも、信心深い人には如来の歯が生えているのが見えるのかもしれないが「われらは不信心

といひ老眼なれば、更に御歯の生ぜしを見付侍《みつけはべ》らず」と書いている。皮肉たっぷり。

さらに皮肉っぽいのは、市ケ谷の田中鋳十郎《とうじゆうろう》の家で発行している疱瘡《ほうそう》（天然痘）のお守りについて述べたくだりだろう。このお守りさえあれば十人に九人は快気すると評判だったが、敬順の評価は小気味いいほど否定的である。鋳十郎の養父の禅楽は敬順の茶友で、敬順は禅楽の孫が疱瘡で亡くなったことを知っていたのである。おのずと皮肉も言いたくなる。「神符《しんぷ》（お守り）を施しながら、自身の孫は難治の疱瘡にて諸薬霊符の験もなく早世したるは、天の命か」――。お守りは所詮お守り。天命は如何《いかん》ともしがたく、過信は迷信に堕するということか。

ところで霊宝の開帳やお守りの販売など、宗教ビジネスに積極的だったのは、寺社や個人だけではない。敬順の時代、大名の江戸藩邸においても同様の試みがなされている。

天保四年（一八三三）五月、御成小路（東京都台東区）にある久留里《くるり》藩主黒田家の上屋敷から、「出現不動尊略記」と題した引札《ひきふだ》（チラシ）が発行された。引札には、上州（群馬県）で発見された黄金の不動尊を屋敷内の不動堂に安置したこと、毎月二十八日にこれを開帳することなどが書かれていた。参拝希望者が多いので引札を配ったというのだが、実は参拝客を集めるための宣伝だったことは疑うべくもない。

最初の開帳は五月二十八日。雨まじりのあいにくの天気にもかかわらず、藩邸の通用門には霊験あらたかな不動尊を拝見しようと善男善女が押しかけた。いきおい賽銭もかなりの額に上ったらしい。いずくも同じ財政危機の折から、久留里藩の江戸藩邸では、この開帳ビジネスの成功に熱い期待を寄せたにちがいない。

右は『甲子夜話続篇』に見える話で、江戸研究で知られる三田村鳶魚《えんぎょ》も大名の賽銭稼ぎの一例として紹介している。結局この試みは、その詐欺的な実態が暴露され（不動尊はそもそも黄金ではなかったというのだ）、頓挫《とんざ》してしまった。幕府に糾問され、江戸家老が「軽追放」になったほか関係者が処分されたと同書は伝えている。

大名や旗本による宗教ビジネスを大批判

久留里藩は失敗したが、成功した藩もあった。三田（東京都港区）に上屋敷があった久留米《くるめ》藩（有馬家）もその一つ。藩邸に国許《くにもと》の筑後（福岡県）から水天宮《すいてんぐう》を迎えて祭ったところ、毎月五日の縁日には参拝客が群れを成したという。藩邸内に社が建てられたのは文化五年（一八〇八）だったが、敬順は文政二年（一八一九）二月五日に同藩邸を訪れ、その盛況を『遊歴雑記』に次のように記している（意訳で）。

有馬家の屋敷に向かう道は、すでに増上寺の裏門辺りから人通りしげく、赤羽橋の上は参詣に行く人帰る人でひしめき合っている。なんとか橋を渡りきると、川端にさまざまな露天商が店を並べ、参詣の男女が「山をなして往来」している。その賑わいにはまったく驚いた。

藩邸の通用門を入って西へ二、三百メートルほど行った突き当たりに、水天宮の白木の社があった。社に付設された「役所」には藩の役人が七、八人も居並び、一枚十二文でお札を販売し、人々が群がるように買い求めていた――とも書いている。

有馬家の屋敷には当時江戸随一と評判の火の見櫓があったが、水天宮社ができてからは、川柳に「火の見より今は名高き水天宮」と詠まれているように〝藩邸の顔〟の地位をすっかり奪われてしまった。ちなみに水天宮は明治五年（一八七二）に日本橋蠣殻町《かきがらちょう》に移転し、今も安産の神様として知られている。

宗教ビジネスに見事成功した有馬家。しかし有馬家（久留米藩）がこの種の試みの先駆者かといえば、どうやらそうでもなさそうである。虎ノ門の金刀比羅宮《ことひらぐう》は、江戸の昔は丸亀藩（京極家）の上屋敷の敷地内にあった。これまた国許から〝取り寄せて〟藩邸内に祭ったもので、その時期は有馬家の水天宮よりずっと早かった。敬順はここにも出かけていて、「朝は未明より日没にいたるまで群集する」と繁盛ぶりを伝えている。しかも京極家の場合は有馬家より徹底していて、金刀比羅宮は同姓の三家の大名の屋敷内にも勧請《かんじょう》され、それぞれ参詣者を受け入れていた。いわば一族ぐるみで賽銭稼ぎに熱をあげていたのである。

有馬、京極両家の成功に刺激されて新たに神を祭り、お守りを発行する大名家もすくなくなかった。これは流行現象なのだろうか（「此類ひ天行《はやり》ものにや」）と疑いながら、敬順は思いつくまま例を挙げている。以下そのうちのいくつかを紹介すると……。

川越藩（松平家）の藩邸では蛇よけのお守りを販売、これさえあれば毒蛇も身をちぢめて死ぬと宣伝しているし、高畑藩（織田家）の藩邸でも「ころばずの守」を一枚十二文で売っている。読んで字のとおり転倒よけのお守りで、身につけていれば、たとえ転んでも怪我はないという。足腰の弱った老人向けのお守りか。

大名家だけではない。旗本のなかにもお守りを発行する家がある。塙宗悦は表御番医師を務める五百石取りの旗本だが、水難よけのお札を出している。紙に塙宗悦と署名し判を押しただけの簡単な手札で、航海の安全を祈ってこれを懐中する人が多い。

もっとも誰でも入手できるわけではなく（非売品？）、手に入らなかった人は、塙宗悦の名を唱え続けてこれに代えるという。どんなに風が激しく波が高くても、塙の名を一心不乱に唱えるだけでやがて穏やかになると信じられているというのだ。このほか能勢氏の屋敷でも狐落としの札（狐憑《つ》きを払い落とす札）を発行していて、江戸の人々はこれを「能勢の黒札」と呼んで絶大な信頼を寄せている。

敬順が散策していた当時の江戸は、寺院や神社に各藩の江戸藩邸も加わって、宗教ビジネス、霊感商法真っ盛り。迷信とそれにつけこむ金儲け主義が町の隅々にまで蔓《まん》延《えん》していた。人一倍江戸を愛し、江戸の住人であることに誇りを感じていた敬順には、このような風潮は、まるで江戸の知的水準の低さや趣味の悪さを見せつけられるようでたまらなく嫌だったらしい。『遊歴雑記』四編上巻で有馬家の水天宮ほかを紹介した彼は、神様を利用したあまりに無批判で無節操な風潮を「爰《ここ》の守りかしこの御札と信じおもへるは性盲昧《もうまい》にして魯鈍なる故なり」と口を極めて罵っている。

江戸の信仰というと、えてしてわれわれは、多彩で功利的な信仰を誰もがおおらかに享受していたと想像しがちだ。事実はさにあらず。彼のように胸を憤慨で一杯にしながら、流行りの神様やお守りを点検して歩いた知的老人がいたことを忘れてはならない。

由緒ある旧跡を勝手に作り替えるな!

敬順が悪趣味と憤慨したのは、金や御利益のためならなりふり構わずといった手合いばかりではない。寺や神社の境内に「猫も杓子も」碑を建て下手な歌や発句を刻んで名を残そうとする風潮にも嘔吐を催しているし、菊の花でいろいろな形を作り客を集めようとする植木屋たちも、「菊花を賞する本意」を忘れて邪道に堕ちた連中ときめつけている。江戸の名所旧跡ガイドブック『江戸砂子《えどすなご》』の著者菊岡沾涼《せんりょう》に至っては、十分な調査もしないで間違いだらけの情報を流布させたとして、ほとんど罪人扱いしているほどだ。

しかし彼らにもまして敬順を怒らせたのは、由緒ある旧跡を勝手に作り替えてしまう連中だった。

突然だが、場面はここで現代の東京へ。墨田区堤通の木母寺《もくぼじ》を訪ねたことのある方ならご存じだろう。境内の一角に「梅若堂《うめわか》」と呼ばれる小さな祠《ほこら》が、全体をガラス張りの建物に被われて大切に保存されている。謡曲「隅田川」で有名な梅若丸（人買いに誘拐され隅田川のほとりで没した悲劇の少年）の墓を梅若塚といい、その上に建てられた拝殿が梅若堂なのだが、この建物、江戸の昔から今の所にあったのではない。現在の場所に移されたのは、昭和五十一年（一九七六）のこと。それまでは徒歩で東へ数分行った梅若公園内の梅若塚の上に建っていたという。もっとも梅若塚といっても、公園内に「都史跡　梅若塚」と刻んだ石標が立っているだけで、往時をしのばせる何物も残っていないのだが。

ならば現在の梅若堂が江戸時代の建造物かといえば、これまたそうではない。明治の廃仏毀釈で木母寺は梅若神社と改称し、明治二十一年（一八八八）に木母寺に復帰した。現存の梅若堂はその翌年、明治二十二年に建てられたものだとか。もしも江戸時代の建物が残っていたとしたら、貴重な文化財となっていただろうに……。

貴重な文化財と感じるのは、しかし現代のわれわれの価値観であって、敬順にとって、それは憤慨の種以外の何物でもなかったらしい。なぜ彼は梅若堂にそれほど怒りを覚えたのか。

本所生まれの敬順は、少年時代しばしば従弟たちと木母寺に遊びに行った。だから三月十五日の梅若の忌日に、塚の前に近郷の男女が筵《むしろ》を広げて念仏を唱えていたのを、おぼろげに記憶していた。その様子は地味ではあったが古雅に富み、古き昔をしのばせる感慨深い情景だったと、彼は懐かしんでいる。ところが一体どこの誰が建築費を寄進したのか、近年になって塚の上に瓦葺きの小さな祠が建てられ、せっかくの古雅が失われてしまった。新たに梅若堂を建てたことで、由緒ある古跡が失われ、かえって物笑いの種を作ったというのである。

同様のことが相州国府津《こうづ》村（神奈川県小田原市）の真楽寺でも行われたと敬順は指摘する。同寺の御勧堂《おすすめどう》は、親鸞上人が漁師たちを教化した旧跡であり、老朽し傷んだ箇所があれば、そのつど修復して昔の姿が維持されてきた。

おかげで御勧堂を見れば「懐古の情頻《しきり》に起り」、信仰心もいや増したという。しかるに寛政年間（一七八九―一八〇一）、江戸の信者たちが資金を出し合って御勧堂を新規に建て直してしまう。四方の竹柱を欅《けやき》の角柱に替え、藁屋根を瓦に葺き替え、天井裏を巧みに張り、地面には切り石を敷きつめ……。なんでも金をかけて立派にすればいいと心得て建て直した結果、それまでの古雅は失われ旧跡は無残に壊されてしまったというのである。

梅若堂といい御勧堂といい、自己満足でお堂を建立し古来の景観をめちゃめちゃにしてしまった文化遺産の破壊者たちに対する敬順の批判は、すさまじい。「千歳の罪人」（めったにお目にかかれない罪人）、「末代の物笑」「空気人の鏡」（阿呆のお手本）、さらには「愚昧《ぐまい》の田夫野人《でんぷやじん》」「馬鹿の甚しき」という具合。

老人の懐旧趣味と言うなかれ。彼の批判は別の形で的中した。なまじ立派な御勧堂を新築したばかりに、寺は自前で修復ができず、やがて瓦は落ち軒は傾き、無残な姿をさらしているという。新しくお堂を建てたために、古雅が損なわれたばかりか、旧跡そのものが荒廃の危機に直面しているというのだ。

『遊歴雑記』は老後の希望の書

敬順より二歳年上の村尾嘉陵もまた、同様のため息をもらしている。天保五年（一八三四）十月、七十五歳で下総の真間（千葉県市川市）に遊んだ彼は、「手古奈《てこな》（手児名）の社」や「真間の井」の変わりようの早さに不愉快を抑えることができなかった。

嘉陵にとって、真間は思い出の地であった。十四、五の少年時代に父に誘われてやって来たのが最初で、その後寛政四年（一七九二）と文化四年（一八〇七）の春にも訪れ、そして今回。六十年間の移り変わりを自分の目で見ているだけに、その言葉は信頼できる。さて、『万葉集』にも歌われたこの旧跡はどのように変化したというのか。

六十年前の社は、五、六尺四方の茅葺きの祠だけで鳥居はなかった。井戸のほうも、薄《すすき》や小笹《おざさ》をかき分けて行った所に窪みがあり水が溜まっているのを案内人にそれと教えられたくらいだった。井戸とは名ばかりで井筒も付いていなかった。

ところが寛政四年、三十三歳で訪れたときには、祠は以前のままだったが、鳥居がたくさん建てられていた。その十五年後の文化四年に来てみると、古い祠は壊され二間（約三・六メートル）四方の新しい祠に替わり、井戸も元の場所から移し、ごく普通の作りの井戸になっていた。

そして七十五歳の今日来て見れば……。祠はさらに建て直されて五間四方の大きさとなり、欅の柱太く屋根は瓦に替わっている。鳥居も以前より大きいものが立ち並んでいるではないか。古い伝統や人生の思い出が音を立てて壊されていくようで、彼は「今日の遊行に興ざめたるは、手古奈の祠なり」と書かずにはいられなかった。理由はなんであれ、長い歴史の中で息づいてきた旧跡をあまりに簡単に作り替えてしまう当事者の無神経さに、嘉陵は、敬順ほど激しい言葉は吐いていないものの、負けず劣らず怒っているのである。

老人は過去に生きているという評価は、この二人には当たらない。なぜなら、彼らはただ昔が懐かしいという理由で悲憤慷慨しているのではないからだ。それは、長い歳月を経てつちかわれてきた文化や歴史をもっと尊重せよ、目先の利益やうわべの立派さに惑わされて貴重な景観や遺物を破壊するな、という至極まっとうな主張にほかならないのである。

気儘に郊外を散歩しながら、現実をしっかり見つめ、のみならず無神経無節操な風潮を厳しく批判し続けた敬順の老後。隠者の自由と社交の愉悦を享受しつつ旺盛な批判精神によって社会と関わり続けたその老いぶりに、私は感嘆せずにはいられない。敬順のような老後を送りたい……。精読すればするほどそう思わせる『遊歴雑記』は、老いにも魅力があることを教えてくれる、数すくない〝希望の書〟の一つなのである。

あとがき

江戸時代の老いについて書こうと思ったこころみは、鈴木牧之と徳川吉宗そして僧侶敬順の老後の史料を覗き見るだけで終わった。三人はいずれも男性で、社会的地位や教養の面で同時代の平均的老人をはるかに上回る。大御所吉宗はいわずもがな、清貧の隠者と自称する敬順にしても、元住職で煎茶道の先生でもあった。とりあえず生活の憂いもなく悠々自適の散歩暮らしを送れたのだから、庶民のお爺さんとはいいがたい。質屋を営み名著を残した鈴木牧之も加えて、三人は、まぎれもなく特別な老人だったといえる。

同時代の女性の高齢者はどうだったか？　平均あるいは平均以下の地位や経済力しかなかったお爺さんたちの場合は？　史料が乏しいからという理由だけで、彼女彼らの老いを無視して通り過ぎることはできないだろう。

乏しいとはいえ、史料が無いわけではない。プロローグで紹介した『官府御沙汰略記』には、小野家の当主の母で隠居後、髪を剃って超正院と称した老女の日々の行動が記録されている。小野家のおばあさんは外出が大好きで、娘の嫁ぎ先や親類の家に泊まりがけで出かけたり、友達の老女と寺に談義を聞きに行ったり。明和五年（一七六八）、彼女が七十三歳だった年を例にとると、一年三百五十五日のうち実に百五十日も外泊している。当時の武家の老女たちが、行楽や交際にいかに活動的だったか、その一端がうかがえるのである（氏家『小石川御家人物語』参照）。

断片的な史料だが、幕末の記録『視聴草《みききぐさ》』に載っている美濃郡上《ぐじょう》藩士の老母の文章も興味深い。七十八歳の彼女の作品は題して『雪隠記《せっちんき》』。雪隠（便所）の恩に感謝してその徳を讃え、あわせて人々が雪隠を不浄視する不心得を糾弾して戯文で、「禁《きん》裏《り》仙洞《せんとう》后太子内親王大臣公卿以下四民まで、爰《ここ》にての所作いさゝかかはることなし」（ここに入ったらすることは皆同じ。身分の差などありゃしない）と述べ、「わすれめや霜夜〳〵の暁《あかつき》にかよひ馴にし宿の情を」と雪隠に対する感謝の歌を添えている。なんてお洒落でユニークな。

ところが彼女については、浅井権太夫の母というほか、名前も出自も分かっていない。そんな無名の老女が斬新でユーモア溢れる文章をものしてしまうのだから、江戸時代の老女たちの才能や教養は侮《あなど》れない。歴史に埋もれた彼女たちの作品や記録を一つ一つ発掘していくことは、たんに老いの研究に止まらず、女性にとって暗黒時代という江戸時代のイメージにすくなからぬ衝撃を与えると思う。権力者でも知識人でもない普通の男たちの老いに光を当てることを含めて、江戸時代の老いの研究には、まだまだ手がけなければならない作業が山積みだ。

三人の特別な男たちの老いの風景――。この本の内容は、結局のところこう要約するしかないだろう。しかし、それぞれの老後について記録した史料を丹念に読み込むことで、特定の個人の問題を超えた、より普遍的な老いの風景が浮かび上がってきたこともまた事実である。

老年精神医学を専攻する竹中星郎氏は、著書『高齢者の孤独と豊かさ』のなかで、老年期の「スプリット（分裂）」に触れている。スプリットとは「人格の解離した状態に対して精神分析学派から提示された説明概念」で、たとえば「外では人格者とか人格円満とほめそやされている高齢者が、家庭では自己中心的で家族を怒鳴り散らしている」といった現象が、この概念で説明されるという。竹中氏はまた家族が高齢者を無視したり冷たく扱う「老親虐待」についても、それが一概に加害者（家族）と被害者（高齢の親）の関係であるとは言いがたいとも述べている。家族が老親を冷たくあしらうのにはそれなりの経緯がある場合が多く、「そこにいたるには家族の歴史があることがわかる。虐待といわれる問題の多くはこのようにきわめて濃厚な関係のなかで生じている」というのだ。

高齢者の心に関するこの話は、私に牧之の『遺書』を思い出させずにはおかない。『遺書』に綴られた言葉の数々は、極端に細かく口うるさい特殊な老人の繰り言のようにも読めるが、実は老人心理の典型的な症例でもあった。不朽の名著『北越雪譜』の著者で精神的にも豊かだったかのように思える牧之の『遺書』に、時代を超えた老いの孤独が読み取れたのである。

『吉宗公御一代記』に記録されている大御所吉宗の姿は、従来の逞しさあふれるイメージを修正し、彼のような頑健で有能な権力者でさえ、老いて病に倒れてからは歩行も食事もままならなかったことを明らかにしてくれた（普遍的な宿命である）。と同時に、起居不自由な吉宗が、それでもなお御側衆の日記を調べて隠蔽された事実を知ろうとし、動転した側近たちが日記の改竄を企てたという幕政秘史も……。将軍時代から記録を重んじた吉宗は、半身が麻痺し言葉が自由に発せない状態になっても、記録の提出を命じることで、自分に事実を隠してきた側近たちを青ざめさせたのだった。それは、将軍時代のいかなる伝説にも増して、彼が為政者として卓越していたことを饒舌に語るエピソードといえる。老い衰えた権力者と家臣たちの間で繰り広げられる虚々実々の駆け引き。これまた時代や国の違いを超えた一編のドラマにほかならない。

十八年間にわたる散歩と旅行の記録を『遊歴雑記』に綴った敬順の老後も、けっして彼独自のものではない。郊外散歩のマニアといえば、村尾正靖（嘉陵）や竹村立義など同時代の人のほかに、永井荷風（一八七九―一九五九）の名前が浮かんでくるのは私だけではないだろう。

大正十年（一九二一）五月二十六日、四十三歳のわが身を「病衰の老人」と言い捨てた荷風は、江戸の文人たちと老いの意識を共にし、敬順や嘉陵と同様に熱心な散策者だった。敬順が江戸とその近郊を散策したように変わりゆく東京を歩き回った荷風も、美意識を欠いた無思想な開発の風潮を嘆きかつ冷笑してやまなかった。

大正十三年（一九二四）十月二日、電車で井の頭（三鷹市）を訪れた荷風は、そのあまりの変わりように「誰か桑滄《そうそう》の感なからむや。家に帰りて蜀山人が井頭源に遊ぶの記を読む」とこぼしている（『断腸亭日乗』）。以前は風趣に富んでいた地が公園と化し、停車場の近くの「ペンキ塗のカツフエーに粉飾の女の歌うさまを」見てげんなりした彼は、そそくさと家に戻って、江戸後期の文人蜀山人（大田南畝）が著した井の頭遊覧の記をひもとくのだった。失われた井の頭の田園風景を求めて。

安直な風潮に流される世間を醒めた眼で眺め批判する、知的で偏屈な散歩人《さんぽびと》たち。

敬順も荷風もそんな散歩人の系譜に属しているのかもしれない。二人の散歩人の間に、私は時代を超えた精神の血縁を感じないではいられないのである。

江戸時代の老いの史料を読み重ねていけば、ほかにもさまざまな発見が得られそうだ。それらの発見は、老いに関するわれわれの知識を増すばかりでなく、より陰影の深い江戸時代像を描き出す営みにも力を貸してくれるだろう。なにしろ老年期の史料は面白い。その面白さを噛みしめ味わいながら老いを重ねていけたら……。歴史研究者としてこれに過ぎる喜びはないと思う、今日この頃である。

平成十三年一月十五日

氏家幹人

文庫版あとがき

『江戸人の老い』は、二〇〇一年三月にPHP新書の一冊として世に出た。今年めでたく高齢者の仲間入りをする（予定の）著者は、四十六歳だった。あれから十八年。当時懇切な指摘や感想を寄せてくれた読者のうち幾人かはすでにこの世にない。

すでに四十六歳になっていたが、老年期の歴史に取り組むにはまだ若輩者だったかもしれない。それでも、時間と情熱を惜しまず多彩な文献をひもとき、江戸時代の文書や記録の世界に首まで浸かることで、なんとか書き上げた。それは、まだ本当の老後を体験していない〝若さ〟の賜物でもあった。

いま読み返してみると、当時の自分の旺盛な知識欲と粘り強い探求心（歴史家にとってそれは未見の史料をたゆまず探訪し、読み解く営みにほかならない）にわれながら感嘆する。老人それぞれの境遇と心情、家族との確執、孤独と交遊、病苦、リハビリ、老老介護そして生きがいと社会的役割……。この本には現代の高齢者が抱える問題がほとんどすべて登場する。その意味で、おおらかで人情に富む江戸の歴史に癒されたいという読者には歓迎されないだろう。しかしたまには嘘っぱちでない歴史にふれてみたいという人には、著者の他の著作同様、おすすめの一冊である。

これ以上「あとがき」に書くこともないが、最近手に取ったヘルマン・ヘッセの晩年のエッセイ集『人は成熟するにつれて若くなる』（V・ミヒェルス編　岡田朝雄訳　草思社文庫）から、心に残った一節を挙げてみたい。ナチスの手を逃れて亡命したヘッセならではの、老人の社会的使命を述べたくだりである。そう、われわれこれからの高齢者は、過剰に加速し混迷と犠牲を生み続ける世界に対して、緩慢さを武器に戦わなくてはならない。たとえ進歩を後らせる老害と呼ばれようとも。

「世界の歴史はおもに単純な人間と若者によってつくられる。（中略）しかし、歴史が平和な時期を持ちつづけ、まず我慢のできるものでありつづけるためには、反対勢力として、遅滞させること、保守することが常に必要なのである。

この使命は教養ある人びとと老人たちに与えられている。たとえ人間が私たちの予想や願いに反して、私たちの進む方向とは違った、野獣や蟻の道を進もうとも、その進行をできるだけ緩慢にするために協力することがまさに私たちの使命なのである。」

二〇一九年正月

氏家幹人

主な引用史料と参考文献

（引用に当たっては、読みやすさを考慮して読み下しにしたり、適宜字体や表記を改めた）

プロローグ

・『甲子夜話』・同続篇・同三篇（中村幸彦 中野三敏校訂　平凡社東洋文庫　一九七七―八三年）

・『殿様と鼠小僧――老侯松浦静山の世界』（氏家幹人著　中公新書　一九九一年）

・『御用格（寛政本）』（長谷川成一校訂　弘前市　一九九一年）

・「寧府紀事」

（日本史籍協会編『川路聖謨文書』2〜5　東京大学出版会　一九六七―六八年復刻）

・「北条霞亭」（『森鷗外全集』9　ちくま文庫　一九九六年）

・「菅沼家文書」のうち「辞世の句」

（国文学研究資料館史料館編『史料叢書Ⅰ　近世の村・家・人』名著出版　一九九七年）

・「諸家雑談」

（名古屋市蓬左文庫編『名古屋叢書三編』12　名古屋市教育委員会　一九八一年）

・『日本近世における老人扶養・介護に関する実態的研究』（研究代表者・菊池慶子　同編集・発行　一九九八年）
・「鳥府厳秘録」（『鳥取県史』7　鳥取県　一九七六年）
・『江戸東京博物館史料叢書I　四谷塩町一丁目人別書上』上（東京都江戸東京博物館都市歴史研究室編集　東京都歴史文化財団東京都江戸東京博物館　一九九八年）
・「行々子」
・『小石川御家人物語』（氏家幹人著　朝日新聞社　一九九三年）
・『吾仏乃記　滝沢馬琴家記』（編校者代表・木村三四吾　八木書店　一九八七年）
・「土佐畸人伝」（『土佐国群書類従』所収　国立公文書館内閣文庫蔵）
・大竹秀男「江戸時代の老人観と老後問題」（利谷信義・大藤修・清水浩昭編『老いの比較家族史』所収　三省堂　一九九〇年）

ある偉人の遺書

・「遺書」「夜職草」「永世記録集」ほか鈴木牧之関係史料とその解説

（編者代表・宮榮二『鈴木牧之全集』上・下　中央公論社　一九八三年）
・『図説　牧之』（財団法人塩沢町文化・スポーツ事業振興公社編集発行　一九九四年）
・『鈴木牧之の生涯』（磯部定治著　野島出版　一九九七年）
・『山の憶い出』（木暮理太郎著　平凡社ライブラリー　一九九九年）
・『落穂抄――露伴先生に聞いた話』（内田誠著　青山書院　一九四八年）

それからの吉宗

・「有徳院殿御実紀」（『新訂増補国史大系』45〈徳川実紀8〉吉川弘文館　一九六五年）
・「有徳院殿御実紀附録」（同右46〈徳川実紀9〉同右　一九六六年）
・「耳嚢」（鈴木棠三校訂『日本庶民生活史料集成』16　三一書房　一九七〇年）
・「吉宗公御一代記」（国立公文書館内閣文庫蔵）
・『八代将軍吉宗』上・下（ジェームス三木著　NHKライブラリー　一九九七年）
・『徳川吉宗』（徳永真一郎著　毎日新聞社　一九九四年）
・「不良将軍吉宗」（『三田村鳶魚全集』1　中央公論社　一九七六年）
・『江戸時代医学史の研究』（服部敏良著　吉川弘文館　一九七八年）
・『骨が語る日本史』（鈴木尚著　学生社　一九九八年）

・『徳川吉宗』（辻達也著　吉川弘文館人物叢書　一九五八年）
・『江戸時代史』下（龍居松之助著　近藤出版社　一九七六年復刻）
・『徳川幕府政治権力の研究』（深井雅海著　吉川弘文館　一九九一年）
・『江戸幕府政治史研究』（辻達也著　続群書類従完成会　一九九六年）

老人は郊外をめざす

・「嘉陵記行」（朝倉治彦編『江戸近郊道しるべ』平凡社東洋文庫　一九八五年）
・「よしの冊子」（『随筆百花苑』8・9　中央公論社　一九八〇—八一年）
・「遊歴雑記」
（大島建彦・渡邉守邦・小野尚志編『遊歴雑記』〈影印本〉三弥井書店　一九九五年）
・「思忠志集」（国立公文書館内閣文庫蔵）
・「天保巡見日記」（『群馬県史』資料編13所収　一九八五年）
・敬順の経歴等については、大島建彦「『遊歴雑記』とその著者」（同右書解説）、『遊歴雑記初編』
1・2（平凡社東洋文庫　一九八九年）の解説（朝倉治彦著）等を参考にした。
・前田愛「衆道の詩仙・石川丈山」（『前田愛著作集』4　筑摩書房　一九八九年）

あとがき

・『高齢者の孤独と豊かさ』（竹中星郎著　ＮＨＫブックス　二〇〇〇年）

＊本書は、二〇〇一年にＰＨＰ研究所より刊行された『江戸人の老い』を文庫化したものです。

草思社文庫

江戸人の老い

2019年2月8日　第1刷発行

著　者　氏家幹人

発行者　藤田 博

発行所　株式会社 草思社

〒160-0022　東京都新宿区新宿1-10-1

電話　03(4580)7680(編集)

03(4580)7676(営業)

http://www.soshisha.com/

本文組版　有限会社 一企画

印刷所　中央精版印刷 株式会社

製本所　中央精版印刷 株式会社

本体表紙デザイン　間村俊一

ISBN978-4-7942-2376-0　Printed in Japan

草思社文庫既刊

かたき討ち
復讐の作法

氏家幹人

自ら腹を割き、遺書で敵に切腹を迫る「さし腹」。先妻が後妻を襲撃する「うわなり打」。密通した妻と間男の殺害「妻敵討」…。討つ者の作法から討たれる者の作法まで、近世武家社会の驚くべき実態を明かす。

江戸人の性

氏家幹人

衆道、不義密通、遊里、春画…。江戸社会には多彩な性愛文化が花開いたが、その背後には、地震、流行病、飢饉という当時の生の危うさがあった。豊富な史料から奔放で切実な江戸の性愛を覗き見る刺激的な書。

犬たちの明治維新
ポチの誕生

仁科邦男

幕末は犬たちにとっても激動の時代の幕開けだった。外国船に乗って洋犬が上陸し、多くの犬がポチと名付けられる…史料に残る犬関連の記述を丹念に拾い集め、犬たちの明治維新を描く傑作ノンフィクション。